解決衝突與調解技巧

U0164388

解決衝突與調解技巧

第二版

江仲有

PRESS
香港大學出版社

香港大學出版社
香港薄扶林道香港大學
https://hkupress.hku.hk

© 2021 香港大學出版社

ISBN 978-988-8528-54-7（平裝）

10 9 8 7 6 5 4 3 2 1

亨泰印刷有限公司承印

目錄

序言

　　香港司法機構推行以調解作為解決爭議的其中一種方式，在過去二十多年來經歷過不同的發展階梯。在起步階段，主要是有賴一些社福機構及非政府組織於有限的資源下，在家事或合約糾紛方面，以試驗計劃形式進行調解。當時由於熟識調解的專業人士不足，培訓機構又良莠不齊，在社會上出現了一批以調解為名，但未有專業操守的人士。一場金融風暴令大眾認識到調解能夠扮演的角色。現時對於調解員的認證、調解轉介機制及諮詢組織的設立，甚至相關法例，包括2013件的調解條例及2017年的道歉條例，均有良好的發展，可以說是調解發展的成熟期。社會人士對調解已有普遍認識，他們參與調解的自願性及成功率亦有不俗的增進，因此減輕雙方對抗的局面，接受可雙贏的解決方案。

　　過去十多年，調解在社會事件中，包括香港仔添喜大廈小業主賠償事件、雷曼迷債事件、紮鐵工人示威事件等，都扮演著解決問題的角色。就有關最近的社會事件，亦有不少社會輿論認為，如果雙方能夠冷靜及有序地溝通，局勢可能得以緩和。前香港立法會主席曾鈺成在抗疫期間曾主持一個網上會議，主題就是在困局中調解的角色與運用。參與人士非常踴躍，無論嘉賓主持抑或參與者，均認為適時調解能夠達到目的。可惜的是，眾多可以促進調解的因素，如平等對話基礎、不設先決條件和必須遵守法律等，未有存在，因此只能出現大家都不願見到的困局。

　　有關調解的參考書籍，在市面上還是鳳毛麟角。個別資深調解員偶爾分享他們的調解個案經驗，讓大眾有所認識。至於較為全面

或適合以調解為專業的參考資料，還是以外文書籍較多。我認識江
仲有律師已經有一段時間，我們主要是通過調解課程培訓及協助推行
家事調解的群組交流心得。在繁忙的律師事務外，江律師積極地編
寫調解教材，並不遺餘力地搜集關於調解的發展經過、調解組織及調
解技術等資料，編訂成書。今次大作重新修訂，對希望認識調解的
讀者有一定啟發，定能更廣泛地推廣以調解方式解決爭議。

歐栢青大律師 JP
前香港扶幼會則仁中心學校校長

自序

　　筆者在過往所處理的眾多民商事訴訟案件中，看見不少爭議人由於個人的偏見、利益與需求的競爭、個人情感的創傷等不同原因而引發衝突，往往不自覺地選擇訴訟來維護自己的權益及懲罰對方的不義行為。

　　「訴訟」是一隻很奇特兇惡的猛獸，外表看起來很平凡，很容易讓爭議人騎上啟動，所需的法庭費用亦很少（因為香港法院的收費是不按訴訟標的金額收費），由港幣數百元（小額錢債審裁處）至一千零四十五元（高等法院原訟庭），很多人都很樂意使用它來伸張正義及懲罰對方。可是，很多爭議人不明白「訴訟」的殺傷力和個性特質。「訴訟」一旦啟動後，爭議人是很難從訴訟上全身而退卻不受任何傷害的。這是因為很多民商事訴訟案件中的答辯人是可以向原訴人提出反申索，讓原訴人成為反申索的答辯人，迫使原訴人不能隨意撤訴，否則將會承受敗訴的苦果。

　　再者，爭議雙方是難以操控「訴訟」的，因為「訴訟」有自己一套嚴格苛刻的行為法規，任何人一旦違反這些法規將會受到懲罰，並可能影響案件的發展。而且，「訴訟」的食量十分驚人，爭議人要不斷地花費金錢飼養，否則「訴訟」便無法繼續維持下去，而缺糧的一方將要承受敗訴的苦果，追求的正義亦因此而無法伸張。「訴訟」的生命力很強，不會因輸了一場比試便會終止；「訴訟」可以在上訴中復活，上訴中的「訴訟」，其破壞力亦不斷加強，最終可以令人傾家蕩產；「訴訟」只會不斷破壞彼此的關係，加深彼此的仇恨，無助解決紛爭，最終造成兩敗俱傷的雙輸局面，至於無辜的第三者亦會身受其

害（例如離異夫婦的子女），也不能倖免。因此，「訴訟」是一把很鋒利的雙刃劍，既可傷人又可傷己，我們應當盡量避免啟動「訴訟」。

筆者編寫這書的目的，是希望藉此推廣「調解」這項優質服務，及藉著介紹「香港調解會」這個專業組織給廣大市民認識和使用其提供的服務，期望市民能夠廣泛使用「調解」，避免不必要的訴訟及訴訟所衍生的悲劇。

筆者也期望調解員能夠在調解過程中，先與爭議當事人建立互相信任的合作關係，引導爭議雙方以長遠的利益為前提來進行協商，達到雙贏或是多贏的結果。

筆者更期望透過本書，簡略地介紹「調解」所需的基本法律、知識和技巧，從而推廣調解服務，並吸引有心人參與調解專業的訓練，成為專業調解員，與筆者一起推廣「調解」服務。

為了進一步推廣「調解」專業，筆者在 2014 年成立香港專業調解中心（Hong Kong Academy of Professional Mediation），目的是向兩岸四地（中國內地、香港、澳門、台灣）有志加入調解行業的人士，提供各種調解專業和調解溝通訓練課程，並且與其他提供調解服務的組織和教育機構，共同合作提供溝通和調解相關訓練，為調解行業出一分力。

筆者亦希望讀者能領略「調解」的優點及箇中技巧，妥善地處理糾紛或衝突，改善人與人之間的溝通，減少日益繁重的訴訟及其所帶來的負面影響，締造和諧社會，達到「以和為貴」的理想境界。

若讀者想進一步了解「調解技巧」事宜，可與本人聯繫。電郵地址：kongpartners@hotmail.com，電話：+852 9723 7879。

鳴謝

筆者在這裏衷心感謝我的「神」，感謝祂在我的人生路途上與我同行，無論我跌倒，或遭到挫敗，祂都不斷賜我勇氣及智慧，使我能夠很快可以重新振作起來。在這些經歷中，筆者體會到平和的重要性，更成為編寫本書的主因。筆者亦衷心感謝祂的恩慈，使我認識已故好友梁錦泰先生，以及另兩位好友陶榮先生及陳慶璋先生。因為沒有他們不斷的鼓勵及幫助，筆者不會編寫本書，向廣大讀者推介「基本調解技巧」。其中前香港國際仲裁中心秘書長陶榮先生的鼓勵及提供資料，使這書的內容充實不少。梁錦泰先生的鼓勵、專業意見及協助，使本書不致停留在草稿階段，遲遲未能完成。陳慶璋先生為本書校對及審查文法，使本書句子更加通順流暢。筆者在此對以上各位好友的鼓勵及幫助，衷心感激。最後，更加多謝筆者妻子，感謝她在背後的支援及忍耐，使我可以專注完成本書的寫作。

第一章

前言

作為一位專業的調解員，應當擁有下列的基本知識或調解技巧：

（一）衝突的成因及解決方法；（二）聆聽及溝通技巧；（三）調解及解決糾紛的原理及技巧；（四）促進及協商談判技巧；（五）打破談判僵局技巧；（六）基本的法律知識；和（七）草擬調解協議書技巧。

任何有志從事調解的人士，應當對衝突的性質、成因及處理方法有基本的認識及了解，並且懂得運用同理心、積極聆聽及溝通技巧，先與爭議當事人建立友好互信關係，然後在安全平和的環境下，引導他們向其披露自己的立場、需要和憂慮。

調解員須妥善安排當事人在一個安全及舒適的環境下，有序地渲洩他們不滿的情緒，然後恰當地運用情緒管理技巧，處理爭議當事人的不滿情緒，讓他們可以冷靜地思考及面對困難，避免因氣憤或內疚而作出一些害人害己的行為或決定。同時，調解員應當運用解讀（毒）的溝通技巧，過濾和解讀有毒話語中所隱含的意義，並把這些隱含的訊息清楚明確地顯露出來，讓爭議人可以真正聆聽及接收這些訊息和感受，有助當事人重建和修復彼此之間的合作關係。

調解員還須充分掌握化解衝突的調解技巧，協助及教育當事人如何面對及處理他們的衝突，重建彼此之間的互信及友好合作關係，共同尋找引發衝突的根本因由，並且透過協商談判技巧，協助爭議當事人處理及解決他們的衝突和問題，達成雙方均可接受的和解方案。

調解員更須有堅強的忍耐力，不要為了趕快達成和解協議，而使用各類手段去脅逼、影響或說服爭議當事人作出妥協及讓步，漠視他們的真正需要及訴求。這樣做的後果，往往會導致爭議當事人反悔

他們所達成的和解協議，促使當事人運用各種手段，阻礙調解協議的執行，損害彼此之間的合作關係，並累及與爭議有利害關係的第三者。

最典型的例子，就是離婚後子女管養（撫養）、管束、照顧安排的和解協議，家事調解員若急於協助離異夫妻達成和解協議，卻忽略他們的真正需要及訴求，沒有處理他們的不滿情緒，和解協議義務人往往會反悔，並運用各種手段，或藉口阻礙甚至破壞和解協議，直接損害子女的長遠利益，令子女成為磨心，加劇他們各方面的衝突，最終造成損人不利己的三輸結果，調解員必須引以為戒。

調解員應當具備基本的法律知識（例如：合約法、侵權法等法律和法規），才可以維護各方爭議當事人應有的合法權益，確保他們可以共同制定一份合法、公平、合理和雙方可以接受及願意落實執行的和解協議書，達到充分滿足各方爭議當事人的各種需要及訴求。調解員還需懂得草擬和解協議書的技巧，準確和清晰地撰寫和解協議內容，達成一份有效和有法律效力的和解協議書，避免因和解條款不準確而引發更多不必要的爭議，以及影響和解協議的執行。

筆者在此書內會嘗試簡略介紹香港及中國的調解制度、調解技巧、處理及解決爭議技巧、合約法及其他相關的基本法律法規，以及撰寫調解協議書的基本要求，供各位讀者參考。

第二章

香港調解發展史

　　中國在很早以前已經普遍使用調解來解決糾紛，爭議人均會邀請有名望的鄉紳、村長或長輩為他們作出調停，以平息有關衝突或糾紛。但這些調解沒有特定的規章制度或調解技巧可言，成功與否是依靠調解員的人事關係或特殊身份，通過說服及疏導等方法使爭議人作出讓步或妥協，令糾紛或衝突平息。

　　在香港，使用調解來解決商業及建造業糾紛較中國內地為晚，港英政府在 1982 年修改《仲裁條例》時，才正式引入調解相關法例，協助建造業及商界解決他們的糾紛；同時推行「調解試驗計劃」，嘗試解決十六個選定的官方土木工程合約所產生的合約糾紛。該調解試驗計劃是由香港工程師學會，按其 1985 年調解服務規條監察進行。其後，在 1986 年第一個運用調解服務解決私人商業糾紛獲得空前成功。因此，香港工程師學會及港英政府在 1989 年推出一套更新的調解服務規條及行政指引，協助願意使用調解的公司或單位，並規定所有總值超越 600 萬港元的政府合約，均可選擇以調解方式解決他們的合約糾紛。

　　隨著調解漸漸受到建造業及商界廣泛接受，香港國際仲裁中心在 1990 年與香港建造商會聯合舉辦一個為期五天的綜合建造調解工作訓練課程，由 Eric Green 教授和 Eric Van Loon 先生兩位專業人士領導。這個調解工作訓練課程深受業界歡迎，導致港英政府開始重新檢討使用調解來解決所有政府工程合約的糾紛。經香港建造商會、香港工程師學會多次討論後，港英政府決定把調解服務的監察權力，由香港工程師學會移交香港國際仲裁中心，並且在 1991 年 5 月，重新制定新的調解規條及行政指引。

1992年6月，香港國際仲裁中心獲政府授權，專責執行大嶼山赤鱲角香港機場核心工程計劃內的糾紛解決機制（mechanism），其中包含四個不同的步驟：所有工程糾紛，必須先由工程師／建築師對有關糾紛作出裁決；若爭議人不服，則須立刻進行調解；若調解未能解決有關糾紛，則須選擇是否進行一個臨時判決（adjudication）；直到工程完成，才進行仲裁。很多糾紛因這個機制而得到妥善解決，整個香港機場核心工程計劃也得以順利完成。

不同的專業及學術機構，[1] 在1993年開始個別或聯同各海外調解專家及組織[2] 合作舉辦各種調解專業課程，把海外調解專業技術和經驗移植到香港，積極培訓本地調解專業人才，以及推廣調解作為解決衝突的途徑。

為了提高調解員的專業水平，香港國際仲裁中心在1994年1月開始訂定《調解服務專業守則》及成立不同類別的調解專業小組，向不同的專業學會、機構及法律部門推介專業調解服務。最終，這個由香港國際仲裁中心成立的專業調解小組更被升格成為香港調解會（Hong Kong Mediation Council），並積極向商業、家事、社區、建造業等不同領域及行業推廣專業調解服務。

香港政府、民間組織、自願機構為了更進一步推廣和普及調解知識，也開始在不同領域推行調解試驗計劃，比如：朋輩調解、家事調解、金融及保險產品調解、刑事調解等領域。

2001年，香港家庭福利會在香港多間中學推行為期兩年的「朋輩調解培訓計劃」，訓練學生以調解技巧來解決校園內發生的衝突。

2002年，香港調解會與香港社會服務聯會更開始合辦為期一年的「社區教育試行計劃」，重點培訓具備不同層面專門知識的調解員，以處理涉及鄰里、僱傭、合約、市區重建和環境問題的糾紛。

此外，香港特區政府為了測試調解的效果和其他影響，在2005年3月推行為期一年的「家事調解試驗計劃」，並撥款資助那些接受法律援助的婚姻案件的自願參與人士，以測試調解方式處理離婚案件是

1.　例如：香港國際仲裁中心、香港公教婚姻輔導會、香港律師會、香港理工大學、香港大學。

2.　例如：澳洲 Bond University、The Conflict Resolution Centre、加拿大多倫多大學等專業機構。

否合理。[3] 該試驗計劃成效卓著,進一步加強政府對調解的立法意願和信心。

接著,香港司法機構在 2006 年 9 月開始,實施一項為期兩年的「調解建築爭議試驗計劃」。該試驗計劃的結果也相當成功,導致香港特區政府決定採納調解方式,並且納入其民事司法制度改革內。最終香港政府在 2009 年 4 月 2 日,採納調解成為建築與仲裁案件審訊表(Construction and Arbitration List)所處理案件的常規。[4]

2007 年,香港保險業也開始推出「新保險索償調解試行計劃」,並向香港調解會提供 25 萬港元(「新保險索償調解試行計劃基金」),作為津貼調解費用的開支,以解決涉及工傷的人身傷害索償爭議。該計劃的目的是鼓勵保險公司和受傷工人以友好、經濟和客觀的方式解決人身傷害爭議。同年 7 月,香港調解會推行為期一年的「商業爭議調解試行計劃」,協助商業爭議中的當事方通過調解,友好、經濟而客觀地和解解決爭議。[5] 這個計劃的目標,是促進更多地使用調解。

鑑於金融風暴和雷曼兄弟控股公司的倒閉,引發大量的索償爭議,香港金融管理局在 2008 年 10 月 31 日委託香港國際仲裁中心作為「雷曼兄弟相關投資產品爭議調解及仲裁計劃」的服務提供者,並設立金融糾紛調解中心,以調解及仲裁方式處理相關爭議,成果超卓。

2008 年,土地審裁處推行「建築物管理糾紛試驗計劃」,並於土地審裁處大樓內設置建築物管理調解統籌主任辦事處,為有意在向土地審裁處提呈民事訴訟之前或之後尋求調解的人士提供資料,目的是鼓勵涉及物業漏水、管理費及維修費用的攤分,或管理委員會的委任等建築物管理糾紛的爭議各方,在土地審裁處聆訊之前考慮進行調解,提升處理建築物管理案件的效率。2009 年 7 月 1 日,土地審裁處正式把該計劃納入常規。

隨著調解漸漸被廣大市民接受,香港特區政府在 2009 年 4 月 2 日推行民事司法制度改革,正式規定調解適用於香港高等法院和區域法

---

3. 律政司司長黃仁龍在香港調解會晚宴的演辭,〈調解的好處〉,頁 5。見 https://www.doj.gov.hk/chi/archive/pdf/2006/sj20060317c.pdf
4. 2009 年 2 月 12 日發出的《實務指示 6.1》。
5. 香港調解會(香港國際仲裁中心分支機構),商業爭議調解計劃參考條款,2009 年 7 月 6 日,頁 1。

院正在進行的民事訴訟案件，並頒佈《實務指示31》，要求訴訟各方爭議人在提呈訴訟之前，或在訴訟進行期間，共同委任調解員來協助排解他們的糾紛。任何一方如無合理原因而拒絕嘗試調解，則法庭可在裁定訟費時，作出不利的增減。2011年11月，香港特區政府正式向立法會提交調解條例草案。2012年6月，《調解條例草案》獲立法會二讀通過，並於2012年10月，經律政司刊憲，指定《調解條例》於2013年1月1日正式生效。

為了進一步使用調解，香港特區政府在2009年7月1日推行為期一年的「社區場地調解試驗計劃」，供香港調解會、香港和解中心、香港律師會和香港大律師公會的調解員使用。任何願意提供義務調解服務的調解員，可在指定時段免費使用禮頓山和油麻地兩個社區中心的房間及設施，而收費的調解員則須支付使用費用。

為了加快市區重建速度，香港特區政府根據《土地（為重新發展而強制售賣）條例》，在2011年1月推出調解先導計劃，處理對土地使用和重建等出現的爭議，該計劃由聯合調解專線辦事處有限公司負責管理。

為了統一調解員的專業水平，香港律師會、香港大律師公會、香港國際仲裁中心和香港和解中心在2012年8月，共同成立一個單一的調解員資格評審組織，也就是以擔保有限公司形式運作的香港調解資歷評審協會有限公司，制定單一標準給認可調解員、指導員、評核員、訓練員、輔導員及其他在港參與調解的專業人員，並認可已符合標準的人士；同時制定香港的調解訓練課程標準，並認可已達標準的訓練課程，以推廣本港專業及可實踐的調解文化。

香港特區政府經過多番修訂法律、法規，不斷引入及推行「調解」計劃及指引，完善調解服務，促使香港成為一個優良及地位重要的國際糾紛解決中心，給亞太地區提供高質、高效的非訴訟解決糾紛服務。

第三章

衝突

什麼是衝突？

　　什麼是衝突？對不同的學者來説，各有不同的理解或定義，互有仁智之見。雷尼（Austin Ranney）[1] 認為衝突是人們為了達成不同的目標和利益而形成互相爭奪資源的鬥爭。學者史密斯（Clagett G. Smith）[2] 則認為衝突乃是參與的競爭者，在各自不同的條件和各自的競爭目標不相容的一種情況。學者李特勤（Joseph A. Litterer）[3] 則從抗拒損失的角度分析衝突，並指出競爭者覺知與他人競爭的過程中，將會產生相當損失的結果，因而產生相互對峙或鬥爭的一種行為。學者柯瑟（Lewis A. Coser）[4] 則認為衝突是競爭者對稀少的身份、地位、權力和資源的要求，以及對價值的爭奪所產生的現象，而競爭者在這種資源爭奪的衝突中，將會是以去解除、傷害或消減他們敵對的對手為目的。學者雷茲（H. Josph Reitz）[5] 是從人與人之間的關係解釋衝

---

1. Nelson W. Polsby and Raymond E. Wolfinger, "In Memoriam: J. Austin Ranney." 見 https://senate.universityofcalifornia.edu/_files/inmemoriam/html/jaustinranneyjr.htm
2. Clagett G. Smith, *Conflict Resolution: Contributions of the Behavioral Sciences* (Notre Dame, IN: University of Notre Dame Press, 1971).
3. Roy J. Lewicki and Joseph A. Litterer, *Negotiation*, 2nd ed. (New York: McGraw-Hill Inc., 1985).
4. Lewis Coser, *The Functions of Social Conflict* (New York: The Free Press, 1956).
5. H. Joseph Reitz, *Behavior in Organizations*, rev. ed. (Homewood, Ill: Irwin, 1981).

突，他認為衝突是「兩個人無法在一起生活或工作，互相阻礙或擾亂對方正常活動」的過程。學者張金鑑，[6] 從政治角度解釋衝突的定義，認定衝突是兩個人以上的個人或團體，因彼此之間的感情、意識、目標、利益不一致，所引起的思想矛盾、權利爭奪及鬥爭。

總括來說，衝突是兩個或以上的人士、公司、集團或組織，由於不同的價值觀、爭奪有限資源、宗教思想或其他種種原因，使某一方的需求與其他人士、集團或組織的需求、價值觀、或利益發生競爭。若處理不善，這些競爭可引發人際或國際關係惡化，最終可能以戰爭、暴力或訴訟來解決。

衝突的影響

是否所有的衝突都會帶來負面的影響？我們是否應當避免與別人發生衝突？任何人在成長的過程中，無可避免都會與他人發生衝突，這是必須經歷的。只要我們妥善處理這些衝突，就會為我們帶來積極的影響，否則只會為我們帶來更大、更激烈的矛盾衝突，更會破壞社會整體的發展。

衝突的正面影響

妥善處理衝突能為我們帶來積極的作用。首先，衝突可以激發個人或團體的危機意識，促使他們想盡辦法去抗爭，並且在抗爭過程中不斷思考，尋求可以改變衝突的途徑。與此同時，當事人會不斷地進行革新和改變，使個人變得成熟，從而提升和改善個人、公司或團體的辦事效率。

其次，衝突往往是在群體決策過程中產生，可謂這過程中的必然產物，只要妥善處理，便可凝聚和加強群體內部的實力，創造更多解決困難的備選方案，提高決策的準確性和效率。

---

6.   張金鑑著，《行政學典範》（台北：中國行政學會，1957），頁294。

　　最後，在爭奪有限資源的衝突中，會激化起一種競爭氣氛，振奮競爭者的精神，使他們更加努力工作，提升自己或團體的工作效率和能力，激發潛能，間接促進社會整體的發展。

衝突的負面影響

　　衝突處理不當，往往會帶來嚴重的後果，直接影響社會或組織的穩定，消耗有限的資源。比如政府為了維穩，花費大量有限財政資源去解決社會衝突，於是不斷增加警隊的裝備、司法人員的數目，以及監獄和法院的設施，令有限的資源不能用於教育、基建等民生事務上，造成不必要的浪費。

　　衝突會刺激心靈，影響個人的心理健康，引發緊張和焦慮的情緒。假若處理不當，將會為個人帶來精神困擾。此外，衝突會使個人與他人之間產生「敵意」，破壞彼此關係，阻礙個人的成長和發展。

　　再者，競爭所引發的衝突，會直接降低整體的生產效率。例如：電腦分公司管理人員為了擴張業務而引入內部競爭，期望藉此擴大銷售額，贏取總公司的認可或獎勵。但是，員工為了追求局部利益，會互相爭奪用於推廣及銷售兩個部門的資源而產生衝突。若處理不當，就會產生不必要的內部矛盾，不利於公司的整體利益和發展。此外，員工為了達標，可能只會重視銷售數量而犧牲產品質量，最終直接損害公司的整體利益。

衝突的發展階段

　　所有衝突均不是一觸即發，而是需要經歷五個階段，分別是潛藏階段、顯露階段、爆發階段、處理階段和完結階段。

潛藏階段

　　任何活動均有互動性，當中可供動用的資源愈稀少，衝突出現的可能性就愈大。在爭取資源的過程中，衝突是必然的產物。在潛藏階段，當事人對與他人之間所發生的矛盾還沒有覺醒，衝突在他眼中

是屬於次要的，但彼此之間的關係卻開始步入衰退。這時，當事人從內心知覺衝突而產生不安和不快的情緒，衝突正是處於萌芽期。若不妥善處理，衝突會隨著環境的變化而漸漸變得頻繁和激烈。

顯露階段

在顯露階段，當事人感覺衝突在彼此之間已經發生。但是，這些衝突的嚴重性還沒有達到引起當事人的關注，衝突還沒有失控，而是在當事人可以接受的範圍內，但彼此的關係已呈現緊張狀態，只是尚未採用激烈鬥爭的手段而已。如果當事人這時能夠採取必要的措施，將可以緩和或解決未來可能爆發的衝突。因此，有些人會採取選擇性的知覺，選取向有利於己方的人陳詞，並且向敵對一方採取不友善的態度。

爆發階段

在爆發階段，衝突的激烈程度和頻率，已經對當事人造成情緒上的影響。局外人可以從當事人的行為中發現衝突的事例。不同的當事人面對不公的待遇，往往會感到氣憤和困惑，對衝突的反應也是各有不同的，視乎當事人的個性、價值觀等因素。若當事人能夠控制自己的怒氣，勇敢地「面對」和妥善地「處理」衝突，衝突的影響將會漸漸被消除。若處理不當，只會使衝突繼續升級，直到一發不可收拾，嚴重破壞彼此之間的關係。

處理階段

面對衝突，每個人都會有不同的處理方式，視乎個人的性格、教育水平、價值觀、處世方式和處事能力。處理方式是多種多樣的，有人選擇逃避、妥協、合作或對抗等，每一項選擇都會為當事人帶來不同的後果和代價。例如：選擇調解可以為雙方帶來「雙贏」的結果，而選擇訴訟則會為雙方帶來「雙輸」的結果。

完結階段

　　最後，衝突事件已獲解決，或一方已為他人所壓制而宣告結束。任何衝突的結束均會為當事人帶來不同的結果，視乎當事人選用的處理方式，這些結果有可能是有利於當事人的，也可能是不利於當事人的。

衝突產生的原因

　　摩氏（Christopher W. Moore）[7] 指出衝突產生的原因，大致可歸納為以下幾類：

1. 目標不協調所引發的衝突；
2. 資訊／資料上錯失或失誤所引發的衝突；
3. 溝通不清晰、失誤所引發的衝突；
4. 競爭有限資源所引發的衝突；
5. 結構／決策錯配所引發的衝突；
6. 偏見或負面態度所引發的衝突；
7. 價值觀／原則的差異所引發的衝突。

　　這些衝突產生的成因及其解決策略／方法，可以由表 3.1 表述（見頁 12）。

目標不協調所引發的衝突

　　由於一方希望達到某些目的，而其他競爭者同時也希望達到相近或相同的目的，導致彼此視對方為競爭者，為了保障自身利益，各自會向對方作出阻撓，因而引發衝突。假若調解員能引導爭議人，以客觀眼光專注雙方的整體利益，尋找對雙方有利的合作方案，比如增加資源的方案，又或以本身不需要的物資，與對方交換自己所需要的物資，衝突便會自動消除。

7.　Christopher W. Moore, *The Mediation Process: Practical Strategies for Resolving Conflict* (San Francisco: Jossey-Bass, 1986).

表 3.1：衝突產生的成因及其解決策略/方法

	衝突分析	
衝突類別	衝突成因	可行解決策略/方法
目標不協調所引發的衝突	爭議人得不到對方的配合，無法暢順地進行協調，以達到或完成他們的目標或理想。	• 強調互相依賴的關係； • 專注雙方的共同利益； • 強調和解失敗的後果。
資訊/資料上錯失或失誤所引發的衝突	因數據、資料或檔案的失誤、缺失，造成理解錯誤而產生分歧。	• 尋找正確資料； • 發展客觀指引來分析有關資料； • 聘請獨立專家分析數據、資料。
溝通不清晰、失誤所引發的衝突	因文字或言語上溝通不清晰、不完整，或沒有回應對方的提問。	• 解釋過去因文字或言語溝通不清晰的地方； • 建立或改善未來的溝通方法或管道。
競爭有限資源所引發的衝突	因在有限的資源（如：金錢、時間、貨物、服務）上競爭而未能滿足各方需求。	• 擴闊有限的資源； • 強調共同合作的需要； • 發展互相合作的方案。
偏見或負面態度所引發的衝突	因負面行為、情緒失控、心理問題等使有關人士產生反感的情緒，以致未能作出客觀的決定。	• 認同有關情緒； • 嘗試避免負面行為。
結構/決策錯配所引發的衝突	權利、資料、物質、人際或其他權力資源分配不公，或未能滿足有關人士需求。	• 均衡的權力或資源分享。
價值觀/原則的差異所引發的衝突	理念、宗教、世界觀、文化價值觀的差異，導致雙方無法達成協議。	• 尋找共同目標； • 互相接納彼此持有的不同價值觀。

　　例如：有一個家庭，兒子因感到口渴而想吃橘子，女兒則想烤焗一個橘子蛋糕，需要一個橘子的皮作餡，而橘子只得一個。若這對孩子的母親，用刀把橘子切成兩半分給二人，則不能同時滿足二人真正的需求；若她能夠了解兒女的共同利益，鼓勵他們合作，按其真正所需而作出分配，則爭議人雙方均可各取所需，完全達到他們的目標，百分百滿足雙方的需求。

資訊／資料上錯失或失誤所引發的衝突

　　很多人往往因接收到不正確的資料或數據，未能作出正確的判斷或分析，而產生錯誤的決定或採取錯誤的行動，造成誤會或衝突。只要提供正確資料或數據給爭議人，或協助爭議人同意建立一個收集正確資料的機制／管道或客觀的方法，分析有關資料，或聘請獨立第三者（專家）提供獨立的專業意見，衝突或誤會便會自動消除。

溝通不清晰、失誤所引發的衝突

　　人與人之間的交往需要互相以文字或言語溝通，若彼此缺乏溝通，在文字或言語上未能清晰地表達意念，無法作出正確的相應行為，因而產生誤會，進而引發互相指責。這些行為往往引致不必要的摩擦及衝突。若雙方能澄清彼此的意念，或建立正確的溝通管道，這些衝突便可避免及消除。

競爭有限資源所引發的衝突

　　因為資源（包括：可供使用的資金、貨品、服務、時間或其他有價值的物資等）是有限的，而競爭的人太多或資源分配不均，往往會造成人與人或國與國之間的衝突。只要將有關資源擴大、創造共同合作發展有關資源的機制和機會，滿足雙方各自的需求和利益，衝突便會消除。

偏見或負面態度所引發的衝突

人與人之間相處的態度，通常是衝突的源頭。負面的態度、行為、情緒或偏見，往往阻礙爭議人發放或接收正確的訊息，繼而產生偏見、感情被傷害或被侮辱的感受。這些偏見或不滿情緒，若未能及時妥善處理，便會產生衝突，爭議人更會作出一些非理性的行為，破壞溝通，加深誤會及衝突。假若這些不滿情緒獲得恰當的處理或理性疏導，便會加強雙方的溝通質素，使誤會得以澄清，並可鼓勵爭議人以正面的態度去面對及處理糾紛，偏見和衝突便會自動消除。

結構／決策錯配所引發的衝突

在制定決策過程中，經常會產生一定程度的摩擦，因為這個過程並不是每個人都有同等的參與機會。若這些決策是由不恰當的人，或缺乏關鍵人物的參與，或在缺乏充分準備下而制定，往往使受影響的一方感到決策是建立在不公平或不恰當的過程或基礎上，因而作出妨礙行為，破壞議決的執行，直接引發衝突。例如 2003 年香港特區政府在推出國家安全法例時，因未有充分諮詢公眾而引發五十萬人上街示威遊行。若這些決策在制定過程中獲得關鍵人物及恰當人士的參與，使受影響的一方感到他們的利益獲得尊重及照顧，衝突便會自動消失。

價值觀／原則的差異所引發的衝突

每個人的價值觀及處事原則，通常會受到不同的家庭背景、教育、世界觀、政治理念、宗教思想、民族價值觀的影響。若這些價值觀及原則不能兼容並包，衝突便會產生。若要避免或解決這些衝突，應教育爭議人盡可能避免以價值觀分析及處理有關糾紛，或接受求同存異，包容對方不同的價值觀及處事原則，或引導當事人共同尋找一個更高層次的理想或價值觀，使爭議當事人接受和而不同的構思，讓他們可放下歧見，願意繼續進行談判協商，共同解決糾紛，平息衝突。

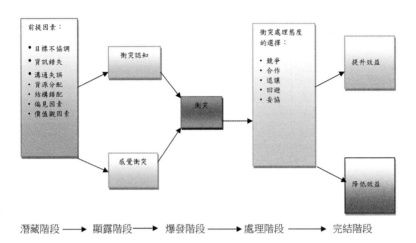

圖3.1：衝突的階段和過程

人際衝突的處理與策略

面對衝突，不同的人會有不同的反應和處理方法，因應個性及情境，可作出以下五種處理模式：[8]

1. 面對衝突，一般人會直接選擇「競爭」方式處理，因為這是天生的求生技能，是無需學習便會直接使用。爭議雙方會各自站在自己的利益上去思考問題，尤其是在談判桌上，他們均會使用各種不同的策略去打壓對方，迫使對方退讓，直至一方取得勝利為止。這種競爭方式的特徵是當事人會和對方發生正面衝突，直接爭論、爭吵，或採取其他對抗方式。爭議雙方為了達到自己的目的，均會在衝突中採用各種手段來爭取最大利益，而不顧衝突帶來的後果，甚至不惜犧牲他人的利益。可是，激烈的競爭卻會造成兩敗俱傷的結局，這是不好、也是不可取的方法。

---

8. https://post.mp.qq.com/kan/article/1001000335354-806237892.html?_wv=214
7483777&sig=70144c075de72760979d1eeed8f89d2f&article_id=
806237892&time=1576455892&_pflag=1&x5PreFetch=1

圖3.2：湯瑪斯、克爾曼的人際衝突處理模式

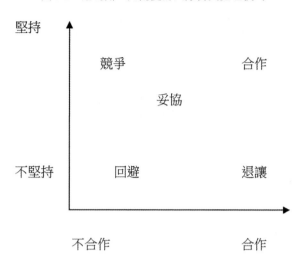

2. 除了競爭方式外，有些人會選擇「退讓」來避免與對方發生衝突。這是因為當事人認為對方的利益較自己的利益更重要，認為維護彼此之間的融洽關係，較理性上的對錯更為重要。當事人選擇「退讓」時，即是他願意犧牲自己的利益，只考慮對方的要求和利益，並願意把對方的利益放在自己的利益之上，以滿足對方的需要和需求，並且會盡量與對方配合，以達成對方的目的。當事人採用這種方法是需要智慧和寬容心。

3. 當事人也可以採取「回避」策略去避免與對方發生衝突。當事人採取「回避」策略的時候，爭議雙方均是意識到衝突的存在，但卻試圖忽略衝突的存在，避免向對方採取任何行動和正面對抗，來回避引發衝突的事情。可是採取「回避」策略，並不代表困擾他們的問題已經獲得解決。隨著時間的消逝，「回避」的問題只會變得愈來愈多和複雜，令人更加困擾。

4. 處理衝突的另外一個途徑就是「妥協」，當事雙方均各自願意「妥協」和作出一些讓步，如讓出一部分自己的要求和利益，但同時保存一部分自己的要求和利益。這個方法的缺點是，爭議雙方均沒有徹底滿足自己需要解決的方案，衝突只是得到暫時的緩解，但卻可能成為下一次衝突的隱患。

5. 最後一個處理衝突的方式是「合作」。爭議雙方均會維護自己的利益和對方的利益,並且會積極磋商,澄清差異,致力於尋找雙贏的解決辦法,最終達成共識,徹底解決衝突。

小結

一位成功的專業調解員,必須了解引發衝突的原因,才可有效地協助爭議當事人分析爭議所涉及的要點,及早採取恰當的處理方法去進行友好協商、談判,共同制定有效解決衝突的策略,打破彼此的談判僵局,同時修復或建立有效的溝通管道,消除彼此的偏見,從而找出雙方可以接受及落實執行的和解方案,否則,調解員便會無法運用恰當的調解技巧,來協助處理及解決爭議當事人的衝突,導致調解員陷入吃力不討好的困境,甚至陷入爭議當事人的衝突漩渦而不能自拔,最終使調解失敗告終。

第四章

解決衝突的常用途徑

解決衝突的錯誤方法

　　人與人之間的衝突，是每個人成長過程中不可避免的。面對矛盾時，每個人會有不同的反應。有些人會堅持己見，不肯作出任何讓步，看看誰人的決心和耐力強，看誰首先放棄、屈服；有些人則會不斷埋怨對方或向對方作出批評、指責，更甚者會向對方使用暴力，迫使對方屈服退讓；有些人更會選擇以消極方法來避免或逃避衝突，例如：選擇停止與對方對話、放棄自己的訴求。這些都不是解決衝突的理想方法，因為問題未能真正妥善解決。

解決衝突方法的種類

　　解決衝突的方法有很多種，其中最常用的是下列五大類：

1. 談判/商議；
2. 調解；
3. 仲裁；
4. 訴訟；
5. 專家評估/裁決。

談判/商議

很多衝突是可以由爭議當事人自發地運用個別談判/商議方法及技巧自行解決的。「談判」是一種很基本的個人技巧，用作說服別人放棄或改變對方立場而作出讓步，來達到滿足自己的目的。「談判」是需要不斷的往來溝通、變更立場和交換利益，直至達到彼此認同可以接受的利益分配為止。在談判過程中，爭議人會自發地討論他們的立場和分歧，嘗試以自己付出的最少代價，迫使對方作出妥協或讓步，爭取最大的利益。

談判的方法及種類

談判的方法及種類很多，可分為三大類別：

1. 利益立場/競爭性談判（position bargaining）；
2. 和解性談判（compromise bargaining）；
3. 原則性談判（principle bargaining）；

利益立場/競爭性談判

這是一般人普遍使用的談判方法。爭議人採取利益談判方式進行談判，是抱著與對方競爭的態度，他們會使用各種手段和方法，迫使對方放棄其立場或要求，獲取最終的勝利或最大的利益。

在這個談判策略中，談判雙方都要從對方手上爭取得最大的利益或贏得有關爭議。談判的特點可以簡略分為下列各點：

- 視自身的利益較對方的利益為重要，為了獲取最大的利益，會使用各種手段或方法打擊對方，強迫或要求對方作出讓步，抗拒改變自己的立場；
- 利用不同的策略，例如：使用欺騙手段、發放錯誤資料，使對方作出讓步；
- 營造一個緊急的談判氣氛，迫使對方妥協；
- 不斷地向對方施加壓力；

- 不信任對方；
- 雙方須經多次談判，逐步放棄或改變自己的立場，直至雙方的分歧逐漸收窄，達成妥協。

這個策略何時適合使用？

- 談判參與人的能力或談判籌碼不相稱；
- 談判參與人一方擁有很強的談判籌碼、性格或崇高名譽與地位。

使用這個策略有何危險？

- 若談判參與人一方意欲和解，將會因為太早投降而蒙受很大損失；
- 損失一方將會有強烈挫敗感；
- 容易使談判陷入雙方爭持不下的僵局；
- 若發出恐嚇的一方未能執行相應的行動，便會失去談判影響力或公信力，使這個談判策略失效；
- 會破壞雙方現有及未來的關係。

和解性談判

在這一種談判方式中，爭議人抱著要達成共識為談判的主要目的，強調盡力維繫雙方的關係。為了達到維繫、保障雙方未來關係的目的，爭議人往往準備作出較大的讓步。這種談判方式又稱為建設性或合作性談判。

談判特點

這一種談判方式有下列特點：

- 談判某一方視對方為朋友或夥伴；
- 為了成功達到調解協議，願意不惜一切代價作出重大的讓步或妥協；
- 爭議人會採取誠實、坦白態度進行談判；

- 爭議人會尋找建立互相信賴的基礎；
- 爭議人會提出建設性建議；
- 爭議人會容易改變本身的立場。

這個策略何時適合使用？

- 爭議一方需要與對方繼續維繫現有的良好合作關係；
- 爭議一方期望可與對方維持長遠合作關係；
- 爭議一方不會視對方為競爭對象；
- 爭議一方需要一個快速和解結果。

使用這個策略有何危險？

- 談判者會被對方視為軟弱，容易給人欺負；
- 因為強烈的和解意欲，使妥協方容易太早放棄自己的立場和利益，而招致嚴重損失；
- 可能會有強烈挫敗感。

原則性談判

這種談判方式是由 Roger Fisher 與 William Ury 兩位學者在著作 *Getting to Yes*[1] 中提出來的。它有別於和解性談判。Fisher 與 Ury 建議談判應以解決問題為關鍵點，並且應當專注於爭議人的需要，而不是他們的堅定立場。雖然人際關係很重要，但談判人不應以犧牲自身利益，以圖達到維繫雙方關係為目的。談判的重點應該側重把人和問題分開處理。下文將會介紹這種談判方法如何應用在調解技巧內。

談判特點

這一種談判方式有下列特點：

1. 爭議人尋求建立客觀的標準，磋商及決定最好的解決方案；

---

1. Roger Fisher and William Ury, *Getting to Yes: Negotiating an Agreement Without Giving In* (London: Cornerstone, 2012).

2. 爭議人按事情本身的優劣因素，釐定有關討論、談判議題；
3. 專注爭議人的利益而不是專注爭議人的立場；
4. 爭議人視自己為解決問題及尋求共同利益的人；
5. 分隔問題與人的糾紛，再分別處理；
6. 建立分析的客觀基準，釐定解決問題的可行方案；
7. 積極尋找補充資訊及有關提議。

這個策略何時適合使用？

這一種談判方式最適合以下情況使用：
1. 爭議人期望達成和解及維持自身的原則，不希望屈服於對方的壓力；
2. 爭議人可以及有能力創造建設性和解方案；
3. 可產生多個可接受、可行的和解方案；
4. 可以建立一系列其他選擇，給爭議人繼續進行談判。

使用這個策略有何危險？

1. 當對方不採用原則性談判策略，談判便不能繼續進行；
2. 在一個不守規則的強硬談判者眼中會顯得無知。

調解

什麼是調解？根據 Folberg 與 Taylor[2] 提出的定義，調解是一種延續談判／協商解決糾紛的方法。調解是透過受專業調解訓練的中立第三者，來協助糾紛雙方，以商議／談判的方法處理及解決他們的糾紛，達到互相和解與滿足雙方的訴求。

調解可以為爭議人修復或重建雙方已中斷的溝通管道，好讓爭議人能夠再次有效地進行溝通或磋商，尋找引發衝突的原因，及尋找雙方可以接受和可行的解決爭議方案。調解員在整個調解過程中會保持中立，不會為爭議人作出任何決定或裁決，亦不會就如何解決衝突提出任何意見或建議。

---

2. Jay Folberg and Alison Taylor, *Mediation: A Comprehensive Guide to Resolving Conflict without Litigation* (San Francisco: Jossery-Bass, 1984), 7.

調解員的功能與律師、法官／仲裁員、輔導員並不相同。他們不會像律師般為爭議人提供法律意見，也不會像法官／仲裁員般為爭議人作出有關裁決，更不會像輔導員般提供心理、婚姻輔導等專業服務。調解員在整個調解過程中絕對中立，不會及不能偏幫任何一方，或為任何一方作決定，否則爭議人會對他們產生偏見而終止有關調解。

調解的過程是非公開的、保密的。爭議人雙方不能使用任何在調解過程中已披露的資料，作為支持調解一方日後訴訟的證據。所以爭議人雙方可以坦白將事情向調解員披露，使調解員可以深入了解引發衝突的根由，從而協助及引導爭議人雙方共同尋求可行的、可接受的解決方案。

整個調解的過程、進度及結果，全由爭議人雙方控制。有關的和解協議是建基於爭議人的直接磋商，因應雙方的需求及限制而自願制定。若雙方同意和簽定該和解協議後，和解協議書將具法律約束力。

由於調解可以修復和維繫彼此的關係，所以這個非訴方法已被現今社會廣泛地應用在不同的範疇上，例如：商貿、建造業、家事、社區事務、保險業、勞資糾紛等。

為什麼要選擇調解？

為什麼要選擇調解？為什麼調解在處理衝突上較訴訟／仲裁優勝呢？這是因為調解在處理衝突時，任何協商談判都是在無損權利（without prejudice）的基礎上進行的。因此，任何在調解過程中披露的資料，是不可用作支持日後訴訟的證據。假若有關調解最終未能成功地解決衝突，也不會影響或損害爭議人的合法權益或訴訟。除此以外，調解更可提供下列益處予爭議人：

協助爭議人了解自身的真正需要及需求。爭議人可能因自己的負面情緒（例如：惱怒、悲傷等）而無法面對困難，或思考自己的所需所求。調解員則是中立的第三人，沒有任何情緒困擾，而且來自不同（專業）背景，擁有不同的經歷、經驗，最適合協助爭議人分析及了解有關衝突，以及思考本身真正的需要及需求。

減少爭議人的不滿情緒。爭議人往往因負面情緒而互相猜疑，甚至互相攻擊，破壞彼此之間的溝通管道和信任，令雙方充滿敵意。調解員的其中一個功能是協助爭議人宣洩其不滿情緒，他會運用同理心及聆聽等調解技巧，讓爭議人說出鬱結在內心的說話，抒發不滿的情緒及走出情緒的困境，同時促使他們快速冷靜下來參與調解，然後作出合理和知情的決定。

減少爭議人的敵意。調解員是中立的，與爭議人沒有任何利益衝突，他提出的建議較容易為爭議雙方接受，雙方再無藉口因建議是由對方提出而不經思考便予以拒絕。當建設性建議被爭議人落實執行後，需要面對的困難將會漸漸解決，彼此之間的敵意也會逐漸消除，可以重新建立彼此的合作關係。

協助爭議人尋求獨立專家意見，有助加快處理衝突。很多涉及財產分配或合約價值的爭議，都源於不同估價師評估結論的差異。為什麼不同的估價師會有不同的結論？因為影響評估結果的因素有很多，例如：

- 評估基於不同的基礎或數據；
- 估價師的經驗差異；
- 估價師數據的準確性；
- 市場價格的變化速度。

這些因素都會直接或間接地影響評估的結果。

即使爭議人彼此各自聘請中立的估價師，也不保證這些估價師能夠提供相同的估價結果，而評估結果的差異往往會引起爭議人之間的分歧。再者，由於爭議人的互信早在衝突發生前已損壞，所以無論任何爭議一方聘請的估價師的報告如何準確或中立，也會被對方拒絕接納。爭議雙方較容易信任由中立的調解員去為他們聘請估價師，也願意接納該估價師為他們的標的物或財產進行評估。該估價師的估價報告，亦因此會較容易被爭議人接受，從而解決財產分配或合約價值所產生的衝突。

鼓勵爭議人尋找及補充遺漏事實，有助解決因缺乏資訊而產生的爭議。調解是非公開的非訴解決爭議方式，所有在調解過程中披露的內容，均以無損權利（without prejudice）為基礎進行，是不可用作

支持日後訴訟的證據。因此，爭議人可以安心地向調解員披露敏感的資料，有助調解員了解引發衝突的真正原因（尤其是那些因缺乏重要或錯誤資訊而引發的衝突）和釐定調解策略。這樣做調解員才可以有序地引導爭議人一起尋找引起衝突的原因，有助鼓勵爭議人澄清或補充遺漏的重要事實，解決因缺乏資訊而產生的爭議。

凸顯影響爭議人決策的重要第三者。並不是所有參與調解的爭議人都能夠在重大的事情上做出堅定的抉擇（例如：兒女的照顧、管養、管束權），因為還有與這些抉擇有重大利益的其他人（例如：父母、祖父母等）是沒有參與或出席當事人的調解。這些人往往會對爭議人的抉擇有重大的影響力。調解員可直接邀請這些人士一起參與調解，共同協商這些抉擇。

助爭議人打破談判僵局。很多人會採取利益立場方式進行談判，遇到這種情況，爭議人會持著與對方抗爭的態度，使用各種手段及方法，迫使對方放棄其立場或要求，達到從對手中爭取得最大利益或贏得有關爭議，成為最終的大贏家。可是，採用這種方式進行談判時，雙方會抗拒改變自己的立場，最終會使談判陷入僵局。由於調解員是一位談判專家，所以他會使用調解技巧，協助爭議人放棄使用利益立場方式進行談判，引導他們把談判的焦點放在解決彼此之間的分歧上，轉用 Fisher 與 Ury 的原則性談判方式進行談判，集中專注於各人的需要，把人和問題分開處理。這樣做才可以協助爭議人脫離各自堅定的立場，打破談判的僵局，尋找解決問題的方案。

軟化爭議人堅定的立場，鼓勵爭議人接受解決問題的合理方案。爭議人可能因為獲得不正確的訊息、資料或意見，以為自己的理據很充分，必定可以贏取法庭的同情和支持，取得最終的勝利判決，所以他們所持的信念和立場十分堅定。可是，調解員在調解過程中，會挑戰甚至質疑他們所持訊息、資料或意見的權威性、合法性、準確性，同時引導當事人透過正確管道（例如：律師）來獲取訊息、資料或意見，以此動搖爭議人堅定不移的信念，促使他們重新評估所堅持的立場，願意與對方調解協商，接受合理的解決問題方案。

協助爭議人締造解決問題的方案。調解員除了協助爭議人消除彼此之間的誤會，重建溝通管道外，還會運用「腦力震盪」及其他調

解技巧，引導及鼓勵爭議人從不同角度及方法，尋找及探求解決問題的方案。

鼓勵爭議人面對困難，立下決心解決有關問題。爭議人的個性、教育水平、精神狀態、自信心都會影響他們面對困難的能力和決心。很多個性軟弱、教育水平低、缺乏自信及表達能力的當事人，往往會選擇逃避現實，不肯面對困難和遲疑不決，讓衝突不斷升溫和惡化。調解卻是可以給予調解員利用與爭議人單獨會談的機會，教導個性軟弱的爭議人一些談判技巧，鼓勵及加強他們面對困難的能力和決心，以爭取自己應得的權益。

提供一個富人情味的非訴解決衝突模式，讓爭議人解決未來的衝突。調解是一個廉宜的非訴解決衝突方法，協助爭議人修復及維繫爭議雙方的關係。任何曾經參與調解的爭議人，都會深深體會到調解富人情味的優點，讓當事人相信使用非訴解決衝突模式處理他們未來的衝突是一個正確的選擇。

此外，就算調解只能達成部份協議、解決部份爭議，但調解程序仍是可以為法院或仲裁庭減少訴訟爭議項目，加快訴訟、仲裁進度和減省有關的開支。由於調解是以非訴訟、非官式及保密方式處理糾紛，所以爭議人並不需要聘請律師或大律師代為答辯，也無需像聆訊般排期處理，只要當事人願意及調解員有空便可隨時隨地進行。

調解的基本模式

調解模式有很多種類，普遍使用的模式分為四類：和解模式（settlement model）、促進模式（facilitative model）、療法模式（therapeutic model）及評核模式（evaluative model）。這些調解模式，各自擁有不同的特性、功能及優點。筆者在此嘗試作出下列分類（見表 4.1）。

雖然這些模式關注的重點各異，但調解員可以按實際情況混合使用，例如：在調解開始時，先以促進模式進行。在調解進行期間，調解員可按當時的情況，選擇以評核模式混合進行，協助當事爭議人解決有關糾紛，並制定相關和解協議。

表 4.1：調解模式

	調解模式			
	和解模式	促進模式	療法模式	評核模式
模式重點	鼓勵爭議人進行商議，互相有秩序地讓步及妥協，包括自願放棄某些利益，以換取對方的諒解，達到雙方可以接受的和解方案。	避免堅持立場，以爭議人的最終利益為基礎，而不是以純粹法律權利為基礎進行協商。	以解決爭議人內在的問題為基礎，並以改善他們的關係為目的。	以爭議人自身的法律權利為協商基礎，輔以預見法庭的判決來訂定和解結果。
爭議的定義	以爭議人的自身利益來釐定爭議。	以爭議人的內在利益來釐定，包括實質上、處事上及心理上的利益。	以爭議人的行為、情緒及人際關係來釐定。	以爭議人自身的法律權益及義務，及工商業或社會準則來釐定。
調解員的主要責任	負責找出或決定爭議人的底線，以游說方式介入，使爭議人改變他們的立場，達到雙方可以接受的和解方案。	主持調解過程，協助爭議人雙方建立建設性溝通管道，改善協商談判過程。	以專業治療方法，在調解前或調解過程中，判斷及治療爭議人雙方在關係上所產生的困難或問題。	提供額外資料，並游說爭議人以雙方所聘請的專家意見作為談判及調解協議的基礎。
特點	少量行政介入，爭議人以固定立場來進行談判。	調解員少量介入，並鼓勵爭議人團結共同商議，創造可行的和解方案。	所有決定要等待爭議人的關係修復後才會執行。	調解員會作出高度介入，爭議人的自主權在調解結果上會減少。
優點	容易獲得爭議人接納，也容易使用，事前無須作出任何準備。	可以妥善利用機會進行協商，爭議人全權操控有關過程。	可以解決爭議人的問題，而不限於平息有關爭議。	調解員自身的專業知識會被大量使用來塑造類同的判決結果。
缺點	爭議人的需求及利益會被忽略；雙方的鴻溝很難收窄。	未必會有結果，調解過程也可能需要很長時間；需要擁有談判技巧。	可以延展一段很長時間而無法達成任何協議；爭議人如何處理導容易混淆。	調解與仲裁容易混淆；調解員不會教導爭議人如何處理未來發生的爭議。

調解的特徵

簡單來說，調解的主要特徵可以從下列各調解階段顯露出來：

1. 調解非訴過程，是一個由爭議雙方作出決策的過程，包括：調解討論事項、討論事項的先後次序、調解的結果及和解方案；

2. 在整個調解過程中，是由一位或多位中立的第三者（調解員）協助爭議人進行溝通、協商或談判；

3. 中立的第三者（調解員）將會盡其所能，協助爭議人建立溝通管道、改善爭議人的溝通，及協助爭議人作出自己的決策；

4. 最後，爭議人將會共同尋找雙方可以接受的和解方案，而這個和解方案是由爭議人所制定及同意的，調解員不會給予任何意見。

調解的優點

調解作為非訴方法有下列優點：

1. **節省金錢。**爭議人不用聘請律師或大律師代表他們進行調解，可省卻高昂的訴訟費用開支；

2. **屬私人性質，所有糾紛內容保密。**任何在調解過程中披露的資料，都是在無損權利的基礎上作出披露的，不可用作支持日後訴訟的證據，也不能在日後被法庭接納為支持一方訴訟的證據；

3. **方便快捷。**調解的時間沒有規定，可以在週末進行，只要爭議人與調解員同意便可，十分方便快捷；

4. **是非官式的。**調解可以在任何地點進行（例如：律師樓的會議室、學校的禮堂等），只要調解場地的環境是寧靜和保密便可，不用像訴訟般只能在指定的法庭進行；

5. **讓爭議人決定調解的最終結果。**調解員不會像法官、仲裁員般，在聆聽及質證雙方的證人證詞和審閱有關已披露的證據後，作出相關裁決或裁定，然後強加於敗訴的爭議人，而敗訴的爭議人是不可拒絕接受或執行。調解協議書的內容均由爭議人訂定，調解員的角

色只是協助爭議人協商談判。一切協議內容均由爭議人自行決定，調解員不得提供個人意見或為爭議人作出任何決定，或強加自己的決定於爭議人；

6. **協助爭議人重建或修復彼此間已破壞的溝通管道。**調解可協助爭議人在進行協商談判時，引導當事人把人和事分開討論及處理，鼓勵爭議人集中討論及解決他們共同面對的困難，避免爭議人因個人偏見或其他人為因素，而偏離討論和解決共同面對的問題，浪費彼此時間，促使衝突升溫，導致問題更加複雜困難；

7. **協助爭議人解決僵局，紓解情緒困擾。**調解員在調解過程中（尤其是與一方爭議人單獨會談時），給予爭議人機會披露其內心的憂慮、需要及需求，同時宣洩不滿情緒和紓解困擾，讓爭議人的心理盡快回復平靜，可以冷靜思考及面對困難，最後作出明智的決定；

8. **協助恢復談判。**談判過程中，爭議人會因個人偏見或負面情緒，彼此說出帶有侮辱性的言語來攻擊對方，目的是令對方難堪，導致談判破裂及中止。事後，爭議雙方亦會礙於面子問題，無法再向對方邀約恢復談判。調解員是一位中立的第三者，沒有任何情緒包袱，也沒有困擾的面子問題，容易出面邀請爭議人恢復參與調解，重新返回談判桌上，繼續談判；

9. **協助爭議人尋找及專注解決真正的需求和問題。**任何在調解過程中披露的資料都是在無損權利的基礎上作出的，不可用作支持日後訴訟的證據。爭議當事人不用害怕所披露的資料會損害其利益或法律權利，讓他可以安心向調解員披露一些敏感資料，好讓調解員可以快速地了解爭議人的憂慮、真正的需要及需求、引發衝突的真正因由，也讓調解員可以制定恰當的調解策略，幫助爭議人專注解決他們的問題；

10. **協助爭議人重新評核他們的案件或立場。**在調解過程中，爭議雙方是以無損權利為基礎進行協商談判的，他們可以坦誠相待，願意披露多些敏感資料，讓彼此更能認清事實及評核現有的立場及法律風險，軟化堅定不移的談判態度及願意作出妥協；

11. **協助把恰當的人和資訊帶到談判桌上。**很多爭議涉及數據或價值問題，需要一位獨立的專家評估。爭議雙方在談判桌上會互不相讓、互不信任，往往不能就選任獨立專家達成共識。調解員是中

立的第三者，由他選任獨立專家來評估，爭議人較容易接受有關安排及評估結果；

12. **協助恢復和保護爭議人的關係。**調解員是中立的第三者，沒有任何情緒包袱，容易與爭議雙方建立良好關係及獲得他們的信任。任何一方爭議人的建議可由調解員提出，這就給予調解員機會測試這些建議的合法性、可執行性及合理性，平衡雙方的利益。調解員亦可以從中過濾一些不平等、不可行的方案，避免刺激對方，並重建當事人已破壞的合作關係。這些經過調解員過濾的建議會較為容易被對方接受。再者，這些建議都是由爭議雙方按著自己的能力範圍自發提出，並不是由調解員強加於他們身上，一旦被對方接受及執行，爭議雙方彼此之間的關係及互信將會恢復；

13. **增加和解方案供爭議人選擇。**調解員是中立的第三者，來自不同行業背景，擁有不同的知識、經驗及經歷。他們可以從旁觀者的角度，協助爭議雙方尋找解決問題的方案，引導爭議人從不同的角度進行分析及思考，利用「腦力震盪」等方法，增加可行的和解方案，供爭議當事人選擇。

14. **令爭議人願意落實調解協議書條款。**訴訟或仲裁是由第三人在經歷質證、審查及聆訊證據程序後作出強制性的裁決，強制敗訴一方落實執行，無論敗方是否願意或能否承擔。裁決敗訴會被視為一種懲罰，使敗方感到丟臉。因此，很多敗訴人會用盡各種方法抗拒執行有關裁決，例如：敗訴人為了妨礙判令的執行，往往會放棄工作或隱藏財產等，令勝訴人陷入贏了官司卻拿不到錢的兩敗俱傷局面。可是，一個經調解而達成的和解協議，當事人是按著各自的能力、需要，經雙方友好協商而達成，是沒有贏輸的問題。調解的結果是由爭議雙方決定，可以滿足他們的需求，包括實質上、程序上及情緒上的需求，亦可保全爭議人的顏面。和解協議的內容不但可以反映最適合他們的方案，還讓爭議人感到沒有被欺壓，更願意落實執行及維繫彼此之間的合作關係。

何時適合使用調解？

　　雖然調解非訴解決爭議方法十分優越，但並不代表所有衝突／糾紛都可以使用它來解決，因為某些衝突或糾紛，往往涉及刑責或違反公共政策等事項，而調解協議因違反公共利益／政策或違法／違憲，不能受到法律保障或執行，例如：糾紛牽涉正在調查的虐兒案件。這些衝突經調解後所達成的任何調解協議，將不會受到法律的保障，任何一方違反這些協議，將不能獲得法院救濟協助，強制違約方落實執行。筆者建議讀者可參考下列 Stulberg[3] 的調解指標，作為是否合適進行調解的指引。

合適調解指標

表4.2：調解指標

調解指標	
合適進行	不合適進行
程度低或中等的衝突	法律原則、政策上的衝突
雙方願意參與	法律規定由法院處理
律師願意參與	當事人不願意參與
雙方想維繫關係	涉及暴力及人身安危
雙方勢力均等	需要尋求事實真相
雙方談判能力均等	基於自私動機（拖延時間）
多項爭議	情緒問題
資料充足	逃避責任
無清晰指引	不能妥協的價值
保持私隱	法庭濟助的需要
外來壓力	非常緊急

---

3. Joseph B. Stulberg, *Taking Charge/Managing Conflict* (Lexington, MA: Lexington Books, 1987), 54.

合適調解因素

爭議人的衝突是否激烈嚴重？

假若有關衝突十分激烈，調解便不適宜繼續進行。因為在激烈
爭議中，爭議雙方的情緒十分高漲，彼此只會憑著他們各自的感覺，
直接回應對方的挑釁，也會意氣用事。爭議人往往會做出一些非理
性的激烈行為，已經無法進行任何有意義的溝通，或可以理性地處理
有關衝突或進行友好協商談判。調解只能在爭議雙方冷靜下來，願
意繼續進行理性磋商。調解員應先分隔當事人，給予他們有冷靜下
來的機會，耐心等待他們心情平復後，方可安排他們繼續進行調解。

爭議人雙方是否願意參與調解？

調解是否成功，通常取決於爭議人是否願意積極參與調解。若
爭議一方不願參與調解，調解員亦無辦法強迫他出席調解會議，因為
在香港調解並不是提呈訴訟的前提或是必經的法定程序。若當事爭
議人願意出席參與調解，調解已經成功了一半，因為只要當事人不出
席調解會議，儘管調解員是一個滿有經驗、擁有高超調解技巧的專
家，也沒有機會發揮他的功能。

再者，若爭議一方心懷不軌，欲濫用調解程序，調解便很容易淪
為一個拖延時間的工具，不但浪費調解員及其他參與人士的時間，更
容易損害對方的合法權益。例如：一方當事人在商業糾紛中，欲濫
用調解程序來拖延時間，好讓他能夠有充分時間來隱匿財產，調解便
會失卻意義。在這個情況下，最佳解決糾紛的方法是由調解員主動
終止有關調解，並建議當事人恢復訴訟來解決糾紛。

爭議人雙方是否意欲繼續維繫他們現在的關係？

在調解過程中，調解員會協助雙方繼續進行談判、協商。在協
商過程中，爭議雙方都會關注磋商的結果，同時亦會考慮是否希望繼
續維繫他們現有的關係。這時，調解員會協助爭議雙方重建良好的
溝通管道，清除彼此之間的誤會，建立互信，改善關係。若爭議一

方不願參與調解，調解員將無法強迫爭議人參與調解，因為在現行法規下，調解必須自願參與，任何非自願的調解協議都不能被法庭強制執行。

爭議人雙方擁有的談判能力是否相若？

爭議人雙方的談判能力，會直接影響調解的結果。若爭議雙方的談判籌碼或議事能力相差太大，將會影響談判結果或弱勢談判一方的合法權益。很多勞資糾紛涉及僱主及僱員，雙方擁有可動用的經濟資源差異可以很大。因此，他們的談判能力差異亦會巨大。擁有經濟資源的僱主，通常會運用經濟制裁手段來迫使沒有經濟資源的僱員就範。僱員因缺乏經濟資源而不敢或不大願意直接與僱主抗爭，往往會被迫妥協及接受苛刻、不公平的條款。調解員在調解過程中發現這個情況時，應當採取有關調解技巧來平衡雙方的談判權力。例如：提供有關工會團體或機構、勞資審裁處、勞工法例等資料給予缺乏經濟資源的僱員，好讓僱員可以安心參與調解，繼續爭取自己的合法權益。假若當事人雙方聘請律師，可以讓該律師協助他們進行協商，平衡談判能力，達成合理的結果。

爭議雙方是否不希望公開爭議內容或商業秘密？

很多商業糾紛涉及敏感資料或商業秘密，商界人士不希望他們的商業活動內容被公開，洩露他們的商業秘密，直接影響商業利益或商譽。調解是最適合處理這些涉及商業秘密的爭議的方法，因為整個調解過程只有當事人及當事人同意出席調解會議的人，方可出席參與。調解並不像法院的公開聆訊，任何人都可以旁聽。因此，調解可以保守商業秘密。若爭議雙方不希望公開爭議內容或商業秘密，可選擇調解非訴方法處理他們的糾紛。

不合適調解因素

可是，並不是所有爭議都適合調解，因為一些爭議是法律規定不能以調解方式解決的。例如：(i) 有關爭議涉及公共政策及會對社會有深遠的影響；(ii) 涉及純粹法律問題而需要法庭作出指引；(iii) 爭議人的情緒不適合參與調解；(iv) 爭議補救方案只能夠由法庭執行；(v) 法律明文禁止調解的事項。

有關爭議是否涉及公共政策及會對社會有深遠的影響？

有些爭議涉及國家安全或／及公共政策，或是爭議人希望藉著這些糾紛來建立案例或司法指引。在這個情況下，是不適宜以調解方法處理糾紛。因此，調解員在初步審查有關案件是否適合使用調解時，必須審查有關爭議內容是否違法或違反公共政策。這些因素將會決定是否適合調解。因為任何調解協議的內容若涉違法或違反公共政策，將不會受到法律保障或法院的救濟，和解協議書將會無法落實執行。

有關糾紛是否涉及純粹法律問題而需要法庭作出指引？

有些爭議可能涉及純粹法律定義問題，或需要法庭作出明確的解釋，在這個情況下，調解員無權作出任何法律解釋或指引。因此，這些爭議亦不適宜以調解方法處理。

爭議人的情緒是否穩定適合參與調解？

在調解進行時，調解員必須注意爭議人的精神狀態，因為當事人在極度憂鬱、憤怒的情緒影響下，將無法清楚接收重要的資料，更無法進行客觀分析或作出合理的抉擇。任何錯誤抉擇將會影響當事人的長遠利益。因此，調解員在初步評估當事人是否適合調解時，必須小心觀察當事人是否正在受到極度情緒的困擾，並且應當決定是否暫時中止或延遲有關調解，或轉介當事人尋求其他專家協助（例如：心理專家或精神科醫生）。

補救方案是否只能夠由法庭提供？

有些爭議的補救方案必須或只能由法庭提供，例如：涉及虐待兒童的案件。因為有關糾紛可能涉及刑責問題，調解員是不宜處理的。因此，調解員必須審查有關爭議的補救方案，是否只能由法庭提供。倘若有關糾紛的補救方案，只能由法庭決定及落實執行，有關爭議是不適宜以調解方法去處理。因為有關糾紛可能涉及刑責問題，當事人是沒法依靠自己的力量執行有關調解協議條款。

法律禁止調解事項

根據中華人民共和國《行政訴訟法》第五十條的規定，「人民法院審理行政案件，不適用調解」。因為這是人民法院審查行政機關和行政機關工作人員的具體行政行為的合法性，調解員無權作出任何法律解釋或指引。

從以上這些因素，我們可以看見調解並不是萬能的，不是任何爭議均可以調解解決。因為以上因素會影響爭議人的行為能力、分析能力和執行能力。因此，調解員在開始與爭議人進行調解前，必須評估當事人的自願性、行為能力、執行能力及爭議涉及的內容的合法性，才可決定是否可以與爭議人進行調解。

何時適用調解？

很多人會問，何時？何地？哪類糾紛最適合使用調解去解決衝突？這些問題沒有一個標準答案。

但筆者認為假若爭議雙方：

1. 以往有合作成功解決問題的經驗；
2. 以往無不愉快的關係或訴訟；
3. 有關衝突所引發的敵意或怒氣不是太大、太深；
4. 還希望繼續維繫雙方長遠的關係；
5. 和解意欲高；
6. 願意接受第三者的協助；

7. 受到外在的壓力必須要接受和解（例如：時間不容許繼續糾纏下去／利益正在消失／訴訟的風險沒法評估等因素）；

8. 各有談判籌碼。

則調解非訴解決方法適合用作解決爭議雙方的衝突。

可是假若爭議事項涉及下列因素：

1. 有關糾紛只涉及法律定義而不涉及其他事項，例如對某條法規的定義解釋；

2. 爭議人想利用調解去達到某些不當的目的，並無意去解決衝突，例如：利用調解去拖延時間，使對方超越法律容許訴訟的時限，失去追討的機會及權利；

3. 調解事項涉及暴力或個人的人身安全或刑事案件；

4. 有關糾紛需要法庭判斷事實的可靠性、真實性；

5. 爭議一方的精神、心理狀況，是需要心理輔導或治療，法律認定是缺乏行為能力，不能作出任何和解決策；

6. 有關糾紛涉及不可退讓的價值觀或原則，例如：涉及不同宗教教條及價值觀；

7. 只有法庭才能提供有效的補救方案，例如：人身保護令、禁制令等。

在這些情況下，調解不適合作為解決衝突的一個有效工具。

影響調解成功的因素

有很多因素可以影響調解的結果和爭議人參與的積極性。這些因素包括政府的政策、法規，調解員的質素、經驗、中立性，及爭議人的積極參與態度，都是會直接影響調解的功能、進度及結果。大致可以總結為下列各項：

1. 爭議人能否達成某程度的同意及諒解。這是取決於爭議人的自願參與程度，或是否受到法例、合約或法庭的強迫而參與。因為調解是基於自願基礎進行，而且調解協議是一份協議書、一份合約，必

須獲得爭議雙方的同意及簽署方可生效，調解員不能使用任何威嚇手段，迫使任何協議一方屈服，否則該協議將會無效。

2. **可供爭議人選擇的調解員**。調解員來自各個社會階層，擁有不同的經驗、經歷、專業知識、調解技巧。當一些爭議涉及專業性質的糾紛，而擁有該類專業知識的調解員可能不多，爭議人可能被迫聘用其他調解員，直接影響調解的質素、結果及爭議人參與的積極性。

3. **調解員的經驗、質素、資歷**。調解員的經驗、質素、資歷，會直接或間接影響爭議人對調解員的信心、調解的進度及爭議人參與的積極性，以至調解的結果。

4. **調解員的獨立性及中立性**。調解員的獨立性及中立性會直接或間接影響爭議人對調解員的信心、爭議人參與的積極性及整個調解的成敗。假若爭議人不信任調解員的獨立性及中立性，爭議人可單方終止繼續參與調解。

5. **調解員的干預程度及性質**。調解員在調解過程中的干擾程度及性質，往往會影響爭議人參與的積極性，尤其是調解員能否在調解過程中，向違反調解規則的爭議人提出適當的干擾，以平衡雙方的談判能力，並鼓勵弱勢爭議人繼續進行調解。

6. **調解員處理第三者的態度**。有很多爭議會涉及第三者的權益（例如：祖父母），而這些第三者可能沒有直接參與調解，而他們對爭議人的決定卻是有極大的影響力。假若調解員處理不當，爭議當事人將會改變他們的決定，變得舉棋不定，嚴重影響調解的進度及成功率。因此，調解員可能需要邀請第三者參與調解，並且要以公平、公正及合理的專業態度，協助處理他們關注的事項，才可加快調解的進度。

7. **調解過程中爭議人的積極參與程度**。調解員的主要功能是協助爭議人進行協商談判，一切談判結果是由爭議人自行決定。因此，爭議人的積極參與程度將會直接影響調解的進度及成敗。

8. **調解員向爭議人所提供的輔導或教育功能的力度**。爭議人的教育水平、談判及表達能力各有不同，他們在談判桌上爭取自己合法權益的能力的差異可以很大。因此，調解員可能需要輔導或教育弱勢爭議人來提升其談判及表達能力，以平衡各方的合法權益，以免軟弱

的一方因感到無法繼續進行調解而選擇放棄，另行聘請律師進行訴訟。

9. **爭議人能否遵守調解員所訂立的調解規則。** 在調解過程中，調解員的角色是調解過程經理人，他必須在調解開始前，與雙方爭議人訂定調解規則，以便調解過程不受干擾，並可營造合作氣氛。倘若爭議人不願意繼續遵守調解員所訂立的調解規則，必然引發更多更激烈的衝突，破壞彼此之間的合作及溝通，使調解無法繼續進行而以失敗告終。

仲裁

仲裁的定義

「仲裁」（arbitration）[4] 這個名詞源於拉丁文，是指在商業爭議中，爭議雙方協議將其爭議提交中立的獨立第三者（即仲裁員）為他們的爭議作出公斷的做法。根據香港的《仲裁條例》和《中華人民共和國仲裁法》，仲裁的判決是最終的（即一裁終局），上訴的條件是十分狹窄的，只可在很特別的情況下才可以上訴，例如：仲裁員干犯了不良行為（misconduct）等。香港及中華人民共和國的仲裁裁決，是可以在多個國家或地區獲得當地的法庭承認及協助執行。倘若要充分使用仲裁來解決糾紛，合約內必須要有仲裁條文或爭議人另行簽訂仲裁協議書。

仲裁的種類

仲裁可分為兩大類，即隨意仲裁（ad hoc arbitration）或機構仲裁（institutional arbitration）。在香港，仲裁一般採用隨意仲裁；在內地，一般採用機構仲裁。

---

4. 楊良宜著、朱清整理，《國際商務與海事仲裁》（大連：大連海運學院出版社，1994），頁5。

隨意仲裁

隨意仲裁是由爭議人及仲裁庭自行安排一切行政及管理事務，沒有什麼機構或規則來規範爭議雙方及仲裁庭的仲裁行為或仲裁審訊模式；仲裁費用也沒有規定，一般由雙方爭議人與調解員協議。法院規管的也只是司法上的大原則，例如仲裁員不良行為等。在香港進行的仲裁一般是隨意仲裁，而香港國際仲裁中心的主要功能包括：

- 提供一般資料及就解決本地及國際的爭議提供協助；
- 回答已在香港進行的和解、調解或仲裁方面的有關問題；
- 提供在香港進行的國際仲裁的相關法律及程序的資料；
- 提供關於仲裁條款的適當格式的資料；
- 提供有關仲裁費用的資料；
- 向世界其他地方的仲裁中心進行查詢，並與該等仲裁中心作出有關安排；
- 提供具經驗及聲望的人士組成的國際和本地仲裁員名冊，給需要仲裁的人士參考及選擇；
- 代仲裁員持有費用及開支的按金；
- 提供舒適的專業仲裁庭給爭議人使用；
- 提供安全存放文件和其他物證的保存地方；
- 提供整理紀錄的速記員室；
- 提供審閱圖紙和其他文件的閉路電視設施；
- 提供全套的通訊及其他服務設施；
- 提供紀錄、翻譯、視像會議等服務設施；
- 預訂酒店及機票等服務；
- 安排往來中心與酒店之交通等服務；
- 安排速遞文件去海外等服務。

機構仲裁

另外一種仲裁方式為管理式或機構的仲裁，仲裁是由一個專責的仲裁機構來規管的。例如筆者所屬的中國國際貿易仲裁委員會、廣州仲裁委員會、上海國際貿易仲裁委員會及深圳國際仲裁院等都是機

構仲裁。根據機構仲裁的仲裁模式，所有與仲裁有關的事務，從爭議人開始申請仲裁，仲裁機構就進行規管（包括：仲裁費用、仲裁程序、仲裁進度、仲裁規則等），直至仲裁裁決完成為止。假若當事人沒有在仲裁規則規定的期限內約定仲裁庭的組成方式或者選定仲裁員，則由仲裁委員會主任指定。

仲裁的好處

以仲裁處理糾紛有很多好處，包括下列各點：

仲裁是自願參與而非強制參與。所有的仲裁必須在仲裁程序開始前，預先獲得爭議人雙方的書面同意方可進行，例如：合約內的仲裁條款或仲裁協議書。仲裁不能像訴訟，原訴人可單方向法庭申請，來啟動訴訟程序，無論答辯人是否願意參與，審判結果可以向敗訴一方強制執行。仲裁必須預先獲得爭議人雙方的書面同意才可啟動，否則仲裁裁決便無法獲得法庭認可而無法執行；

爭議人雙方可以自行挑選合適的仲裁員，設定委任仲裁員的先決條件或方法。在所有訴訟中，爭議雙方不可自行挑選心儀的法官作為他們的審裁者，亦不能預先設立委任聆訊法官的條件，例如：必須委任擁有某類訴訟經驗的法官方可成為該案的裁判法官。爭議人只能由法院按既定機制指定，不論該法官是否有審理該類案件的經驗，這也是爭議雙方要面對的訴訟風險。但在仲裁中，爭議人是可以選擇心儀的仲裁員，亦可以預先設定委任仲裁員的資格或委任的先決條件，例如：爭議人可設定審理工程糾紛案件的仲裁員，必須擁有工程師、測計師的資格。這些先決條件可減低錯判的風險；

仲裁具保密及私隱性質。在香港，所有的訴訟均公開聆訊（內庭聆訊除外），任何人都可以進入法庭旁聽（包括記者）。可是仲裁並非公開聆訊，任何與仲裁案件無關的人不能參與及旁聽。因此，仲裁案件的內容及有關裁決，外人無法得悉，個人私隱或公司商業秘密得到保障；

仲裁有快速及省錢的特性。由於仲裁爭議人是可以選擇心儀及適當的仲裁員，所以在審理一些專業的案件時，可以加快聆訊進度，減省不必要的文件證供及整個仲裁所需費用。

仲裁是一裁終局。在香港及中國內地，所有訴訟敗訴爭議人均可尋求上訴，直至終審法院或最高人民法院，整個訴訟可被拖延數年之久，很多財政薄弱的爭議人無法繼續負擔訴訟花費而被迫放棄。但仲裁則是一裁終局，爭議人不得上訴（仲裁員涉及貪污、失當行為等除外）；

仲裁裁決可跨國執行。由於很多國家的法院並不互相承認或承諾執行對方的裁決，所以很多法院的判決書無法在財產所在地區執行，爭議人往往被迫到財產所在地區重新提出訴訟，十分費時及勞民傷財。現時很多國家已經簽署1958年聯合國制訂的《承認及執行外國仲裁裁決公約》（即《紐約公約》），其他地區法院願意承認這些仲裁裁決及提供協助予以執行。因此，處理涉外爭議案件，仲裁較訴訟優勝。

仲裁的壞處

裁決缺乏穩定性或指導性。因仲裁不可公開裁決結果，仲裁裁決的準繩每每繫於仲裁員的素質，仲裁員在類同的糾紛中可能會重複犯同樣的錯誤或給予不同的裁決，使裁決缺乏穩定性或指導性。由於仲裁是一個非公開聆訊解決糾紛程序，其他與仲裁無關人士不能出席或參與。再者，由於香港及中國內地的《仲裁條例》或《仲裁法》規定仲裁是一裁終局，所以上訴仲裁裁決十分困難。因此，法院覆核仲裁裁決的準確性，以至公眾及法院的監督機會也相應減少。

爭議人失去自主或控制權。像法院一般的訴訟程序一樣，仲裁按有關聆訊規條嚴格執行，爭議當事人可以選擇適用法律（例如：涉外仲裁）、訴訟程序，聘請大律師或律師為其訴訟，失去自主或控制權。

仲裁費用可能高於法院訴訟的費用。仲裁與訴訟一樣，爭議當事人可以選擇適用的法律（例如：涉外仲裁）、訴訟程序，但聘請大律師或律師為其訴訟，必須支付高昂的律師費。在香港，法院、法

官在訴訟的過程是免費的，但仲裁需要支付仲裁員及仲裁庭的租賃費用，因此，爭議當事人必須支付這些額外費用，最終仲裁費用有可能高於法院訴訟的費用。

何時適用仲裁？

爭議當事人欲解決爭議，在什麼情況下適合選用仲裁來解決他們的糾紛？當事人應考慮什麼因素？筆者認為當事人是希望：

保留部份解決糾紛的控制權。 仲裁程序可以讓雙方爭議當事人擁有某些條件的選擇權和決定權，如在仲裁開始前協定仲裁地點、適用法律、仲裁規則、仲裁語言、仲裁員人數和仲裁員的聘用條件（例如：國籍、性別、年齡、專業資格、學歷或經歷等）。可是，在訴訟程序中，適用法律、受訴法院及審判法官都是按法律、法規、法院的既定程序釐定，爭議當事人無權選擇或異議。

減少延誤和避免繁複的聆訊程序規範、規條。 仲裁程序容許爭議當事人共同協定仲裁適用法律、仲裁規則、仲裁語言等規範、規條，因此，他們可以協定選擇一些簡單化的訴訟程序，加速聆訊進度。

需要專家為爭議作出裁決。 在訴訟過程中，法官對某類案件的經驗或專業知識的差異可以很大。對某些涉及專業性的案件，爭議當事人可能需要向該法官解釋一些專業名詞或專業知識和工序，需要花上大量時間，而且該法官能否充分明白，爭議當事人也不能掌握。因此，爭議當事人要承擔訴訟風險。在仲裁程序中，爭議當事人可以在仲裁開始前，雙方協定仲裁員的聘用條件，來減低訴訟的風險。

維護糾紛內容的私隱及秘密。 訴訟程序是公開的（內庭聆訊、涉及國家機密等除外），與案件無關的人也可旁聽（包括記者），審訊內容不能保密，涉案的商業機密、商譽將會受到不同程度的影響或損害。但仲裁非公開聆訊，任何與仲裁案件無關的人均不能參與或旁聽，因此，案件的內容及有關裁決，外人無法得悉，個人私隱或公司商業秘密會受到保障。

在熟悉的地點處理涉外案件。 涉外案件的爭議人可能身處在不同國家或地區，因而會受到不同的司法機關、法律法規的限制，使訴

訟程序及強制執行能力變得複雜。再者，爭議人可能需要往返不同
國家或地區，訴訟費用因此會很昂貴。由於仲裁程序可以讓爭議當
事人共同協定仲裁的適用法律、規則、語言、地點等，所以選擇適合
的地點，有助簡化訴訟程序，加速聆訊進度及減低訴訟費用。

專家評估／裁決

有些糾紛涉及標的物的質量，沒有太多文件，適合聘用富經驗的
專家來作出評估或裁決。爭議人雙方可聘請一位富經驗的專家，在
指定範圍內，運用其專業知識及經驗，就爭議人雙方提供的有關資
料、物料等事項進行評估或裁決。這個裁決雖然沒有法律約束力或
強制力，不能強迫爭議人接受，但若然爭議人雙方書面同意接受專家
所發出的結論，則有法律約束力。這是最簡單、快捷的解決糾紛方
法，適用於涉及技術所產生的糾紛。

專家評估／裁決的好處

專家評估的結論可以協助爭議人在短時間內解決有關爭議，所涉
及的評估程序十分簡單，而且專家所發出的意見書，亦可澄清爭議人
技術上的問題、疑慮或誤解。

爭議人可以選擇心儀及適當的專家評估員，以加快聆訊進度，減
省不必要的文件證供及整個仲裁所需費用。

專家評估／裁決的壞處

專家評估可能對爭議人雙方幫助不大。假若爭議雙方未能達成
協議聘用同一專家評估員，而各自選擇心儀及適當的專家評估員，則
會產生評估報告書差異的爭議，引發更多糾紛衝突。

可能會浪費更多時間和金錢。假若爭議雙方各自選擇心儀及適
當的專家評估員，花於專家評估員的費用會是雙倍，而且事倍功半。

何時使用專家評估／裁決？

　　當爭議人想維持他們現有的關係。專家評估是非訴行為，不像訴訟般嚴重破壞彼此關係或產生面子問題，較訴訟更為優越。

　　當糾紛涉及事實、價值、質素等問題，而非法律責任問題。釐清問題的性質，爭議人就可決定專家評估較訴訟合適，因為專家評估的程序是很準確、簡單、直接及廉宜。

訴訟

　　訴訟是一種常用的解決糾紛方法，在民商事的爭議中，任何一方爭議人均可向法院提起訴訟，申請法庭傳票要求對方出庭答辯，由法官為他們的爭議作出決定性裁決。答辯雙方均需聘請律師或大律師，按照法律程序為爭議人進行訴訟，爭議人無自主權或發言權。

訴訟的好處

　　無論什麼民商事糾紛，爭議人均可單方直接向法院提起訴訟，不論答辯人是否同意，答辯人必須應訊，否則便要承擔一切放棄答辯權利的法律責任。所有法院審訊，必須以事實為根據，以法律為準繩，任何錯誤偏離，敗訴人均可上訴，要求上級法院推翻原判。

　　在香港，訴訟實行三審終審制度，而在中國內地則實行兩審終審制度。上級法院可對下級法院進行監督，這是仲裁所沒有的。再者，法院擁有國家的權力，對違反法庭命令的一方，可施予懲罰，例如罰款或監禁，這是仲裁庭或調解員所沒有的權力。

　　在實行普通法的國家，上級法院的審判及裁決是公開的，而且會對下級法院有指導及約束的作用，下級法院必須跟從上級法院的司法解釋或指引。因此，高級法院的裁決可以成為法律指引及補充法律的漏洞，而且可增加法律的穩定性，而仲裁則是一種非公開解決爭議方法，判決對其他仲裁庭或法庭是沒有約束力或指導性。仲裁裁決並不穩定，同一仲裁員在類同案件可以作出不同的仲裁裁決，令人無所適從。

　　訴訟的費用可以很廉宜，因為在香港，假若訴訟標的金額不超越港幣七萬五千元，原訟人可以親自向小額錢債審裁處提起訴訟，不可聘用律師代其提起訴訟或出庭應訊，所涉及的法院訟費為數百元港幣。此外，排期審訊時間並不長，是一個快捷及廉宜的解決糾紛方法。可是，若訴訟金額超越港幣七萬五千元，或反申索的金額超越港幣七萬五千元，便需要向區域法院提起訴訟，爭議當事人必須聘用律師代表進行訴訟，費用將會變得昂貴。

訴訟的壞處

　　雖然訴訟是一種民商事爭議常用的解決糾紛方法，任何爭議人均可向法院提起訴訟。可是，訴訟亦有很多缺點，阻礙爭議人選用。例如下列各點：

　　1. **費用高昂**。由於訴訟需要根據法律法規進行，例如：《中華人民共和國民事訴訟法》、《中華人民共和國行政訴訟法》、《高等法院條例》等，這些法律法規十分繁複，不容易理解，需要聘用律師、大律師的協助。雖然在香港或在中國內地，當事人可以自辯，不得聘用律師或大律師，但因訴訟往往會涉及很多其他法律、法規、規章或司法解釋、案例等專業知識，缺乏這些知識將會損害自辯人的法律權益。因此，筆者亦不建議不聘用律師或大律師為其代理人。再者，香港的高等法院或以上級別法院，必須聘用律師及大律師代其出庭應訊。因此，訴訟人要支付昂貴的費用，花上過百萬元訟費的情況十分常見。

　　2. **需時甚久**。鑑於香港的訴訟是三審終審，中國的訴訟是二審終審，一件訴訟案件可能要經歷多次聆訊，才能決定最終的勝負，往往需時甚久。再者，隨著中國內地和香港的經濟發展，民商事活動頻繁，民商事務糾紛亦不斷增加，法院要處理的案件日益繁重，排期審訊的時間不斷延長。因此，一件繁複的訴訟案件往往需時數年，增加受害人的經濟壓力，很多案件亦因此而被迫終止，沒有獲得公平的審判。

3. **需要專家協助。**很多民商事糾紛涉及專業性質的爭議,大多數法官未必有這方面的專業知識,需要依靠爭議人提交的專家證人報告及他們的解釋,然後再進行質證。可是,整個過程往往要花很長時間,而爭議人亦無法得悉審判法官是否充分掌握及了解該等專業知識,這是爭議人不能避免的訴訟風險。

4. **審訊程序及形式規範非常嚴格。**所有訴訟需要根據《中華人民共和國民事訴訟法》、《中華人民共和國行政訴訟法》、《高等法院條例》等法律法規的規定進行訴訟。這些法律法規十分嚴格、繁複及缺乏彈性。所有呈文的文件、證據必須按照上述法律法規的格式或程序,經質證後方可使用。因此,取證及準備過程往往需時甚久,增加訴訟開支。

5. **訴訟是敵對性和對抗性的。**訴訟是一方爭議人請求法院裁決糾紛的對與錯,會是一種「零和對抗」,勝訴者將全取爭議的標的物,爭議雙方的利益是對立的。爭議人會使用各種手段對抗對方的訴求,包括人格攻擊,而所有的溝通及人際關係也會在庭上終止。爭議人將會失去自我,以訴訟的成敗作為人生的主要目標,並願付出任何代價,最終造成兩敗俱傷的局面。

6. **訴訟會完全破壞雙方現有及未來的合作關係。**訴訟是一方爭議人請求法院裁決糾紛的對與錯,會是一種「零和對抗」,彼此同時會使用各種手段對抗對方的訴求,使人感到十分難堪及嚴重損害雙方的關係。因此,無論誰勝誰負,彼此之間的合作關係將會受嚴重損害或破壞。

小結

以上各種解決糾紛的方法,可以單獨或互相配合,而且可在訴訟未被裁決前的任何階段使用。很多爭議往往在審訊開始前,已經在法庭門外把糾紛解決。在法律上,爭議人可以一方面進行訴訟,另一方面進行調解,或以其他方法解決他們的糾紛。根據港英政府的統計數據,[5] 運用調解去解決衝突的成功率為百分之八十或以上,而

---

5. 香港調解試驗計劃資料。

且除了金錢上、時間上比訴訟、仲裁所花較少,還可以鼓勵爭議人遵守及執行雙方所達成的調解協議,因為所有協議條文是由爭議人經友好協商及基於自身的利益所達成,並不是由第三者強加於他們的。

第五章

調解種類

　　「調解」是一種以中立的第三者，協助爭議雙方以談判方式的非訴訟解決糾紛方法。「調解」在中國內地已經很普及和廣泛使用。從訴訟角度來看，「調解」大致可分為「訴訟調解」、「訴訟和解」、「民間調解」、「仲裁調解」；而從應用角度來看，「調解」可以分為「家事調解」、「朋輩調解」、「刑事調解」、「社區調解」、「商業調解」等。這些不同種類的調解，是現今中國內地和香港經常使用的解決糾紛方法。

訴訟調解

　　「訴訟調解」亦稱為「法院調解」或「司法調解」，是中國人民法院經常使用來解決民事糾紛的一種方式。爭議雙方當事人可以選擇在進行民事訴訟的過程時，在人民法院審判人員的主持下，自願與對方進行平等協商，並與對方達成和解，終止他們的訴訟。該調解協議經法院審查確認後，就具有與判決相同的法律效力，訴訟當事人不能再次起訴，也不能上訴。「訴訟調解」多數是由人民法院依職權主動提起，並由審判人員提出調解意見，協助雙方當事人達成和解協議。「訴訟調解」可以在開庭前、審訊中、審結宣判前進行。「訴訟調解」適用於民事、刑事自訴、刑事附帶民事、行政訴訟等案件。「訴訟調解」是中國《民事訴訟法》一個重要的司法程序。

　　在香港，法院法官是不會為爭議雙方當事人主持「訴訟調解」，或是主動向他們提出任何意見和方案，或協助雙方當事人達成調解協議。因為審判人員是無權主持「訴訟調解」。

為了減少爭議訴訟人濫用現行的婚姻訴訟附屬濟助程序及不必要的訟費，香港終審法院首席法官於 1999 年 11 月成立工作小組研究改革附屬濟助的程序，鼓勵爭議雙方當事人進行協商和解，減低他們彼此之間的對抗和訟費，加快解決他們的糾紛。該工作小組的建議於 2003 年 9 月 4 日獲終審法院首席法官接納，並訂立了《2003 年婚姻訴訟（修訂）規則》，於 2003 年 12 月 29 日生效，推行「婚姻訴訟附屬濟助程序改革試驗計劃」。根據該「試驗計劃」，在解決財務糾紛的聆訊中，由主理法官擔當「協助人」的角色，找出雙方的主要爭議點，並鼓勵雙方就有關爭議點達成和解。倘若爭議雙方當事人未能在聆訊中達成和解，該法官只會給予進一步的訴訟指示，其後該法官將不再參與相關的法律程序，法庭將會安排由另一位法官進行審訊。因此，所有商討內容也不會對雙方的權利構成任何損害。

訴訟和解

「訴訟和解」是訴訟當事人在進行民事訴訟的過程時，自行與對方進行平等協商，並嘗試與對方達成和解，終止他們進行中的訴訟。「訴訟和解」是一種自力救濟，由當事人自行以平等的方式進行協商談判，解決他們的爭議。在中國內地，訴訟當事人所達成的和解協議，可提交法庭審核，經法院審查確認後，將會以調解書的形式生效，終結有關訴訟。調解書簽收後，訴訟當事人便不能再次起訴，也不能上訴。

在香港，訴訟當事人也可在民事訴訟期間進行「訴訟和解」，他們可在各自律師的協助下，以平等的方式自行進行協商談判，解決他們的爭議。訴訟雙方達成和解後，訴訟當事人可提交和解協議書給法庭審查，及要求法庭把和解協議的內容寫入法庭判令，終結有關訴訟。在和解後爭議雙方便不得反悔，否則，另一方可申請法院強制執行。假若訴訟當事人沒有提交和解協議書給法庭審查，及要求法庭把和解協議的內容寫入法庭判令，和解協議書便沒有與判決相同的執行效力，只屬單純的一個契約。倘若一方反悔，另一方便不能直接申請法院強制執行，需另行起訴於法院。「訴訟和解」在香港十分

普遍，很多「訴訟和解」協議是在開庭審訊前，由訴訟當事人在法庭門外達成的。

民間調解

在中國內地，糾紛當事人也可使用「民間調解」來解決他們的爭議。「民間調解」是指爭議雙方當事人邀請當地處事公道、有威望的人充當中立的第三者（即調解員）來主持調解。這種調解活動是自發性的，並沒有特定組織。調解糾紛的範圍僅限於一般社區糾紛，其調解協議不具強制性，只依靠當事人自覺履行。倘若一方反悔，另一方不能申請法院強制執行，需另行起訴於法院。

在香港，糾紛當事人可以自行邀請當地處事公道、有威望的人充當調解員主持調解，也可以邀請香港調解協會認可調解員為他們進行調解，名單可從香港調解資歷評審協會、香港律師會等非牟利組織的認可調解員名冊選取。香港調解資歷評審協會有限公司、香港律師會等調解員名冊是由不同國籍、擁有各種專業知識、豐富經驗與技術的專業人士（包括：律師、社工、心理專家、工程師、會計師等）組成。調解糾紛的範圍包括商業、社區、建築和家庭糾紛。調解員的角色是中立的第三者，協助爭議當事人以平等的方式進行協商談判，解決他們的爭議。調解協議書效力屬單純的契約，若一方反悔，另一方需另行起訴於法院。

調解的用途很廣，適用於家庭糾紛（家事調解）、校園糾紛（朋輩調解）、社區糾紛（社區調解）、違法者與受害者之間的糾紛（刑事調解）、商業糾紛（商業調解）等。這些糾紛參與人數可以是兩人，亦可多至數百人，例如：一般的離婚案件只有夫婦二人，而大廈管理糾紛所衍生的衝突可以涉及數百人，例如：香港的添喜大廈意外事件。調解的服務對象範圍很廣，可以由一般普羅大眾至跨國公司，是一種十分普及的解決糾紛工具。

仲裁調解

在中國內地,「仲裁調解」是仲裁庭在作出裁決前,先行調解。若爭議當事人雙方自願調解而又能達成和解協議,他們可要求仲裁庭製作和解協議書或仲裁裁決書,並在雙方當事人簽收後即發生法律效力。若仲裁調解協議書生效後,義務人不履行仲裁和解協議書內的義務,權利人可以申請人民法院強制執行。若當事人不願意調解,或調解不能達成協議,或者在和解書送達簽收前反悔,則仲裁庭將會繼續進行仲裁及作出有關裁決。

在香港,在進行仲裁期間或仲裁程序開始後,只要爭議當事人雙方同意,便可以自行與對方進行調解協商,或自行另聘調解員,協助他們進行調解。爭議當事人雙方若能達成和解協議,可要求仲裁庭按和解協議內容製作仲裁裁決書,並在雙方當事人簽收後即發生法律效力。若當事人不願意調解,或調解不能達成協議,則仲裁庭將會繼續進行仲裁聆訊並及時作出有關仲裁裁決。

朋輩調解

朋輩調解是透過朋輩友群去協助處理發生於朋輩之間的衝突和糾紛。朋輩調解的目的是教育同學處理衝突的技巧。朋輩調解培訓計劃首先在 2001 年開始由香港家庭福利會於香港多間中學推行,為期兩年。朋輩調解的主要對象是學校的同學。

刑事調解

「刑事調解」又稱為「恢復性調解」(restorative mediation),是以調解方法實踐「恢復公義」(restorative justice)。刑事調解的目的是透過調解,讓加害人真正認識自己的犯罪行為,為受害人所帶來的傷害和負面影響,使其可以自我反醒。這是因為復和調解給予加害人一個機會去親身體會和感受自己的加害違法的行為對受害人或其他人所造成的影響。

在「刑事調解」的過程中，加害人必須面對受害人及承認自己的過錯、聆聽受害人對罪行的告白和感受，讓犯事者可以深深了解自己的行為，對別人造成了何等程度的創傷和不可逆轉的後果，促使違法加害人為自己的行為感到羞恥和真心的歉疚，而這些復和調解產生的「歉疚」，往往是優於面對懲罰產生的「後悔」。這是因為當加害人知道自己的違法加害行為對受害人造成不能磨滅的影響，而且還令愛惜自己的親人傷心失望時，這些歉疚足以令加害人動容、願意反省和改過自新。

再者，「刑事調解」給予機會讓加害人向受害人賠禮道歉和承擔賠償，也讓受害人説出對罪行的觀點和內心創傷的感受，看見加害人的「歉疚」和願意承擔相關的責任，給予受害人解開鬱結的心結和寬恕加害人的機會，並且可以獲得加害人的賠禮道歉和相應賠償，修復彼此之間受損的關係，令社區達到真正的和諧。

美國、澳洲、新西蘭等地廣泛推廣「恢復性司法」的概念，並且把它應用於青少年的犯罪問題，而中國也容許「刑事調解」應用於輕微犯罪案件，[1] 惟獨是香港政府還沒有接受「刑事調解」的相關概念和法例。

---

1. 中華人民共和國《刑事訴訟法》第二百零六條規定，「人民法院對自訴案件，可以進行調解；自訴人在宣告判決前，可以同被告人自行和解或者撤回自訴。」第二百七十七條規定，「下列公訴案件，犯罪嫌疑人、被告人真誠悔罪，通過向被害人賠償損失、賠禮道歉等方式獲得被害人諒解，被害人自願和解的，雙方當事人可以和解：(一) 因民間糾紛引起，涉嫌刑法分則第四章、第五章規定的犯罪案件，可能判處三年有期徒刑以下刑罰的；(二) 除瀆職犯罪以外的可能判處七年有期徒刑以下刑罰的過失犯罪案件。」

第六章

人民調解委員會、香港調解會、香港調解資歷評審協會

人民調解委員會

人民調解又稱訴訟外調解,是指在人民調解委員會主持下進行的調解活動。人民調解制度是一種司法輔助制度,是一種人民民主自治制度,是人民群眾自己解決糾紛的法律制度,是一種具有中國特色的司法制度。

人民調解委員會[1]是村民委員會和居民委員會下設的調解民間糾紛的群眾性自治組織,在基層人民政府和基層人民法院指導下進行工作。人民調解委員會一般由委員三至九人組成,設主任一人,必要時可以設副主任,在基層人民政府和基層人民法院指導下工作。人民調解委員會調解民間糾紛的範圍主要包括:民間債務、賠償、婚姻、家庭、收養、繼承等方面的糾紛,但不能受理法律、法規規定只能由專門機關管轄處理,或者法律、法規禁止採用民間調解方式解決的糾紛,或人民法院、公安機關或者其他行政機關已經受理或者解決的糾紛。[2]

人民調解委員會的調解與人民法院的調解的區別,主要在於調解的效力不同。在人民調解委員會主持下達成的調解協定,只能對雙方當事人有約束力(一般合約的約束力),但沒有強制執行力。若一方當事人在達成調解協定後反悔,權利方只可以向人民法院起訴。可是,若當事人在人民法院主持下達成調解協定並且簽收調解書,或

---

1. 《中華人民共和國憲法》第一百一十一條。
2. 《人民調解工作若干規定》第二十二條。

法庭認為不需要製作調解書並當庭宣讀有關調解協定後，調解協定將立刻生效，與判決書一樣具有法律效力。義務方不履行調解所確定的義務，權利人可以直接申請人民法院強制執行。

香港調解會

調解在香港起步較中國內地慢，只因港英政府在1982年修改仲裁條例時，才正式引入調解有關法例來協助建造業及商界解決他們的糾紛。香港的調解是民間調解，而香港調解會是一個非牟利民間組織，向廣大市民推廣調解。調解協議的約束力等同一般合約，只能約束爭議當事人，由爭議當事人自覺執行。若義務人反悔所達成的調解協定，權利方只可以向法院起訴。

香港調解會成立於1994年1月，是香港國際仲裁中心的一個附屬機構，屬非牟利民間組織，不受政府或法院監督或指導。香港調解會旨在推廣以調解方式解決糾紛，其主要職責是：

- 鼓勵會員與有關機構或專業團體合作，推廣調解專業服務；
- 促進交流有關調解及其他「替代解決糾紛」方式（Alternative Dispute Resolution）的資料及意見；
- 教育及培訓專業調解員。

香港調解會有以下數個委員會（請參閱圖6.1）：

- 商事委員會
- 社區委員會
- 建築委員會
- 家事委員會

香港調解會由不同國籍、擁有各種專業知識、豐富經驗與技術的專業人士（包括：律師、社工、心理專家、工程師、會計師等）組成。香港調解會每年舉辦各類型調解和其他替代性糾紛解決方式的座談會和會議，及制定調解服務工作的標準。香港調解會培訓調解員和教育市民以調解方式解決糾紛，透過香港調解會內各委員會（如

圖6.1：香港國際仲裁中心及香港調解會組織系統圖

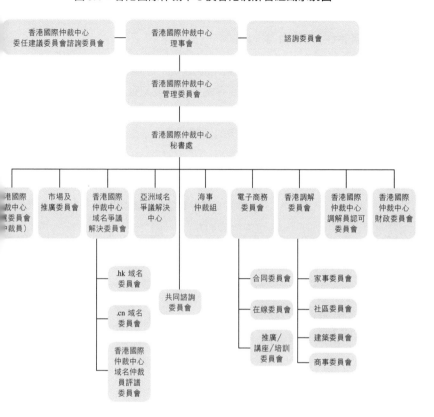

家事委員會、建築委員會、商事委員會及社區委員會）推動調解的發展。

香港調解資歷評審協會有限公司（「調評會」）

　　鑑於香港擁有超過三十間有關調解資歷評審的組織，各有獨立的培訓和資格評審準則，而香港目前尚未立法規管調解資格評審組織之成立，有關考核水平差異可謂十分巨大。故此，香港特區政府透過律政司司長領導的調解工作小組，與四個始創成員[3]的努力，成立單

3.　香港律師會、香港大律師公會、香港國際仲裁中心及香港和解中心。

一的資格評審機構，專責資歷評審和處理紀律處分事宜。「調評會」
於 2013 年 4 月 2 日正式營運。

「調評會」的使命為：

- 制定標準給認可調解員、指導員、評核員、訓練員、輔導員
  及其他在港參與調解的專業人員，並認可已符合標準的人士；
- 制定香港的調解訓練課程標準，並認可已達標準的訓練課程；
- 推廣本港專業及可實踐的調解文化。

「調評會」的組織架構，見圖 6.2。

圖 6.2：香港調解資歷評審協會組織架構圖

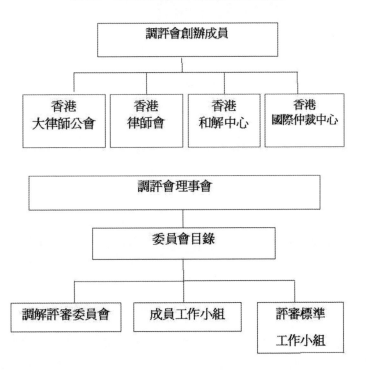

第七章

調解員

調解員應有的特質

調解員是不容易當的工作，並不是任何人均適合當調解員。因此，調解員應當具備以下的特質：

- **持有誠信的作風。**調解員會處理當事人的私隱，其誠信十分重要。因此，調解員在未獲得當事人的信任前，當事人是不會向該調解員透露私隱。假若調解員沒有當事人的這些資料，將無法找出引發衝突的源頭，也不能展開調解程序。故此，調解員需要建立誠信，並且獲得爭議人的信任，令他們願意坦誠透露憂慮及需求，調解員的功能才會發揮淋漓盡致。

- **抱著不批判的專業態度。**在整個調解過程中，調解員必須以獨立、公正無私、不偏不倚的態度對待當事人，並且需要用心去聆聽他們的訴求。調解員不應受當事人的情緒、態度所影響，因而產生厭惡的情緒或偏見，使當事人感到調解員在偏幫對方而拒絕繼續進行調解。調解員不但需要公平對待爭議人，更加需要避免使用批判的態度去對待爭議人或批評他們所抱的觀念。

- **抱著同情態度。**調解員除了不能批判爭議人外，還需懷抱幫助當事人解決糾紛的熱情。例如：夫婦離異對家庭成員所帶來的創傷十分巨大，受影響的家庭成員情緒十分波動，他們的內心充滿著憤怒、悲傷、失望及被出賣的情緒，所以，調解員應當懷著同情心，聆聽他們的感受及訴求，認同他們的

感受，使爭議人的混亂心情得到平復，冷靜地思考未來的需
要，爭取自己的合法權益；

- **擁有豐富的創造力。**調解員在協助當事人解決問題時，亦要
  在法律容許的範圍內進行。所有調解協議的內容，必須合法
  可行。調解員可以在法律容許的範圍內，運用想像力、創造
  力，以及「腦力震盪」調解技巧（brainstorming technique），集
  思廣益，引導爭議人構思擴大雙方利益或處理問題的方法，
  解決有關問題。調解員的創造力，可以隨著經驗、訓練而加
  強。

- **擁有忍耐及不輕言放棄的能耐。**調解的過程可以很漫長、重
  複、繁複，而且直接受到當事人的情緒、處事態度和性格的
  影響。雖然調解員可以行使終止有關調解的權力，但在行使
  這個權力前，調解員應當給予當事人充分參與調解的機會及
  時間來平復他們的混亂情緒。調解員應當耐心地引導當事人
  以正面積極的態度去面對困難，鼓勵他們一起合作，共同解
  決問題。調解員不可基於當事人不耐煩或缺乏耐性等原因而
  中止有關調解。

- **自我醒悟能力。**調解員應有自我醒悟的能力。在調解過程
  中，調解員必須不斷自我反省，改善調解的流程及技巧。不
  同的糾紛有不同的困難要克服，每個爭議也不同，調解員需
  要不斷思考及尋找不同的調解方法，協助爭議人面對及解決
  他們的問題。此外，不同的調解方法會有不同的效果，調解
  員必須不斷自我反省、學習、進修，以改善自己的調解技巧
  及能力。

- **容忍能力。**隨著交通的發達，人與人之間及國與國之間的距
  離愈來愈近，調解員也需面對及處理涉及不同的文化、宗教
  背景、風俗習慣的糾紛。因此，調解員應當抱著開放的態
  度，不可受到自己的文化背景或宗教觀念影響，產生歧視態
  度，阻礙整個調解的運行。

調解員的角色

　　調解員的主要職責，是為爭議人提供一個友好協商談判的環境，透過協商程序，協助爭議人一起分析及面對有關糾紛的事項，彰顯共同目標，了解對方的不同觀點與角度，建立或改善爭議人雙方的溝通管道，幫助爭議人一起探索、制定、分析和討論爭議事項，尋找雙方可接受及保障各人權益的和解方案。

　　在整個調解過程中，調解員不應發表任何個人觀點、意見或作出任何批判。在協助爭議雙方進行調解時，調解員是會擔當不同的角色，包括：

1. **作為協商談判過程的經理人。**調解員需管理爭議雙方在談判協商的行為及進度，平衡談判的權力，保障爭議人的合法權益；

2. **擔當解「毒」過濾者。**調解員運用「解讀（毒）」的調解技巧，協助爭議雙方過濾侮辱性、批判性的言語，改善爭議雙方的溝通，並引導爭議雙方討論爭議事項，建立或改善爭議雙方的溝通管道；

3. **擔當資源及意念拓展者。**調解員運用「腦力震盪」調解技巧，協助爭議雙方思考及尋找更多解決爭議的可行方案；

4. **擔當維持爭議人面子的仲介人。**調解員協助爭議雙方搭建下台階，以利爭議雙方可向背後的董事會交代和解方案；

5. **擔當解決方案可行性的測試者。**因為調解員不是當事人，沒有背負任何情緒包袱，可以客觀地分析和解方案的可行性、合法性和持久執行性；

6. **擔當訊息傳達員。**在與個別爭議人進行單獨會談時，調解員可協助爭議人傳遞訊息，協助雙方商議談判底線；

7. **作為宣洩負面情緒的疏導者。**調解員協助爭議人宣洩不滿及委屈的負面情緒，使當事人在宣洩情緒後，能夠冷靜下來，進行調解；

8. **擔當調解會議召集人。**調解員負責組織及安排爭議雙方參與調解會議，共同解決有關爭議；

9. **擔當調解會議協商談判導師**。爭議人的性格、表達能力及教育水平各有差異，需要調解員傳授基本協商談判技巧，平衡爭議雙方的談判權力，保障雙方的合法權益；

10. **克服困難的鼓勵者**。爭議人往往要經歷漫長的談判過程，而過程中更會遇到很多困難和挫折。這個經歷需要勇氣及意志，才可以克服。爭議人容易感到氣餒，需要調解員不斷鼓勵，才可以堅持繼續進行調解；

11. **權力平衡者**。爭議人的文化背景、教育水平及談判能力的差異，會直接影響他們的協商談判能力。假若爭議人的議事能力強弱太懸殊，調解員便需要採取步驟或措施，平衡議事能力懸殊的情況，保障議事能力弱小一方的合法權益；

12. **協議測試者**。調解員的另外一個重要功能，就是測試爭議人調解協議的可行性、合法性和持久執行性。調解員來自不同專業背景，例如：律師、社工、心理專家等，他們擁有不同的專業知識、經驗及經歷。因此，調解員是為調解協議內容條款進行可行性、合法性和持久執行性測試的適當人選，協助爭議人分析他們的和解方案在現實的情況下，是否可以落實執行，並且受到法律的保護和保障。

13. **調解終止者**。任何調解參與人，包括調解員，均可以隨時終止調解。調解不像訴訟，是需要爭議人自願參與，不能強迫，否則調解協議將會無效。若調解員發現一方爭議人在濫用調解程序，損害另一方爭議人的利益，可立刻終止調解，轉交法庭繼續審理。

調解員的功能

在調解過程中，調解員會擔當不同的角色和發揮不同的功能，比如：

擔當協商經理人

調解員的其中一個重要功能，就是給予爭議人一個中立及平和的環境進行協商談判，為爭議人主持調解會議、制定協商規則指引、管理調解協商的進行、維持融洽和諧及友好合作的氣氛，同時鼓勵爭議人積極參與調解，共同解決有關糾紛及制定雙方可接受的和解方案。

調解員需在整個調解過程中積極扮演協商過程經理人的角色，維持調解的秩序及進程，防止爭議人濫用調解程序，平衡爭議人的談判權力，保障爭議雙方的合法權益，達到雙贏或多贏的結果。因此，調解員所訂定的調解規則，必須在調解會議的開場白說明，並尋求爭議雙方遵守承諾，任何破壞調解程序的行為，都會被勸止。

「解讀」（解毒）

調解員的另外一個重要功能，就是協助疏導爭議人的不滿情緒，過濾他們帶有侮辱性、攻擊性的言語，同時運用「解讀」溝通調解技巧，刪除帶有侮辱性、攻擊性的言語，並且以中立平和的言語重新把有關資訊轉遞，營造友好合作氣氛，修補彼此之間的溝通管道，促使爭議人冷靜地進行協商談判，共同解決問題，尋找雙方可以接受的和解方案。

很多人在情緒高漲的情況下，往往使用侮辱性的言語攻擊及傷害對方。因此，不少爭議人背負著負面情緒包袱來參與調解，不容易聆聽對方的陳述或建議。可是，調解員是一位中立的第三者，與爭議人沒有任何利益上的衝突或感情包袱，他們的建議較容易被爭議人接受。在調解過程中，調解員應當以「解讀」溝通調解技巧，濾掉爭議人的「毒」(帶有侮辱性的言語)，並且以中立及正面的言語重整及複述發言者的意念，重建或改善溝通管道，防止產生負面情緒，營造和諧合作氣氛，促使爭議人在宣洩不滿情緒後，可以冷靜地聆聽對方的辯解和訴求。

擔當資源及意念拓展者

調解員是爭議人資源及意念的拓展者。由於調解員來自不同的社會階層，擁有不同的資歷和經歷，而且曾接受調解專業溝通訓練，又沒有背負任何情緒包袱或偏見，所以最適合擔當資源及意念拓展者的重要角色。調解員可運用「腦力震盪」調解技巧來協助爭議人擴闊可供分配的資源及意念。「腦力振盪」調解技巧的主要功能是藉著調解員刺激爭議人的聯想力，思考各種可行的解決問題方案，幫助爭議當事人提升他們的創造力及多方思考能力。

在「腦力震盪」過程中，調解員會要求爭議當事人不斷思考一些解決問題的方案，無論方案是否可行、是否須要高昂花費，然後再由他把這些方案記錄下來，與爭議人一起分析討論。爭議當事人亦毋須理會別人的評價或批判，並引用各種條件、規範來過濾這些方案，例如：法律規限、執行能力、所需費用及時間等條件進行篩選，剩餘下來的方案便是爭議雙方可行的和解方案。「腦力震盪」調解技巧是一個充滿彈性的思考活動，主要用途是減低爭議人的憂慮，提供無懼別人批判的思考環境，激勵爭議人運用他們的聯想力，思考各種解決問題的方案，供大家一起分析、討論及篩選。

在思考過程中，爭議人毋須顧慮別人對所提建議的看法。調解員在整個過程中不斷鼓勵及刺激爭議人的思維，締造一系列可以解決問題的方案，然後帶領爭議人按著他們的期望、可行性、合法性及涉及費用等限制條件進行篩選，尋求雙方可以接受及可行的解決方案。

擔當維護爭議人面子的仲介

調解員除了協助爭議人協商談判外，還須為爭議人挽回面子，及為爭議雙方搭建下台階，協助理虧的爭議人可以向沒有參與調解的集團交代，例如：董事會、父母親等。否則，爭議人一旦受到這些人施加的壓力，往往會反悔或推翻所作的決定，無法達成和解及落實執行協議，使調解事倍功半。有些爭議人更因受到壓力而刻意破壞調解，希望藉著訴訟來推卸責任，隱藏自己的過錯。例如：歸咎敗訴的責任於法官的偏見或證據不足，好讓董事會不去追究他的責任。

因此，調解員在協助爭議人制定調解協議書時，必須注意爭議人的面子問題，為爭議人搭建下台階，挽回他們的顏面，協助理虧的爭議人可以妥善而順利地向沒有參與調解的集團交代。

擔當解決方案可行性的測試者

調解員的另一個重要角色，是擔任和解方案可行性測試者。由於爭議人因個人的偏見、種族、文化背景、教育水平或其他因素，直接影響他們的情緒及分析問題的能力，所以無法冷靜及客觀地分析解決衝突的和解方案。可是，調解員不是當事人，而是中立的第三者，沒有背負任何情緒包袱，而且擁有不同專業的知識、不同的經歷、經驗，因此可以協助爭議人進行客觀分析，引領他們按著他們的期望、可行性、合法性及涉及費用等條件限制進行篩選，尋求雙方可以接受、可持久及落實執行的和解方案。

傳達訊息

當調解陷入僵局時，調解員必須與個別爭議人進行單獨會談，讓爭議人可以在安全的環境下，向調解員披露他（們）的憂慮、需要及需求，一起探索解決問題的方案及談判的底線。必要時調解員還需與個別爭議人分別進行單獨會談，共同協商更改和解方案的內容條款或賠償金額。調解員可能需要不斷往返雙方爭議人的會議室去傳遞訊息，直至爭議雙方達成和解協議。在很多的調解中，調解員需要發揮訊息傳達員功能，協助爭議人把分歧收窄，直至達成和解協議。

疏導負面情緒

人與人進行溝通對話時，往往會受個人的情緒或偏見影響而無法思考，未能聆聽對方所發出的訊息、資料、數據，從而破壞彼此的關係，引發衝突糾紛。因此，調解員在進行調解時，需要耐心引導爭議人陳述他們的需要及需求。調解員必須與爭議人建立同理心及互信，讓爭議人可以安心地向調解員披露他們內心的感受，宣洩不滿及

委屈的情緒，然後冷靜下來思考他們急切需要處理的問題，並且與對方繼續進行協商談判，直至達成調解協議。這是不容易掌握的技巧，若處理不當，可以產生誤會，令爭議人以為調解員偏幫對方。

擔當調解會議召集人

調解員的另外一個重要功能，就是組織及召集爭議雙方參與調解會議，協助爭議人建立良好的調解機制，營造友好合作協商談判氣氛，使爭議雙方可以安心地參與磋商，共同解決有關爭議。在調解進行前，調解員必須向爭議雙方訂定一些行政措施及調解會議議事規則，以利調解員管理調解進程，維持調解會議秩序，使調解得以順利進行。這些調解規範應當包含在預先準備好的開場白中，由調解員在主持調解協商會議前，向爭議雙方宣讀，簡單介紹調解機制和規範，及制定調解行政措施，否則，調解往往因沒有這些預先設定的調解規範，而遭受不懷好意的爭議人惡意干擾，破壞整個調解秩序。因此，召集調解會議這個功能非常重要，調解員必須掌握，以免事倍功半。

教育爭議人談判協商技巧

性格、表達能力和教育水平的差異，會直接影響到爭議人的談判協商能力。例如：很多離婚案件，教育水平低的配偶，因長期忙於照顧家人的起居飲食，已經與社會脫節多年，要她重投社會工作將會十分困難，離婚後更會陷入經濟困境。再者，教育水平低的爭議人，他們可動用的經濟資料往往十分缺乏，大都沒有能力聘用律師為其處理離婚事宜及保障其合法權益。因此，她們在談判桌上將處於不利地位。這時調解員可向爭議人提供法律援助及家暴婦女庇護中心等資料，減輕離婚對爭議人及子女的衝擊及保障他們的合法權益。

假若發現爭議雙方的談判協商能力有明顯的差異，調解員還需要向協商能力薄弱的一方，提供一些談判協商基本技巧的訓練，以平衡爭議雙方的談判能力，保障爭議雙方的利益。

　　除此之外，調解員還需要向爭議人介紹調解的目的、調解的程序、調解所需的時間及爭議人需要遵守的調解規則。調解員亦可以提供一些引發衝突的原因，例如：資源分配不均、個人宗教信仰或價值觀等，使爭議人明瞭自己及對方在過往的負面表現是正常、可以理解的。這樣做可以讓爭議人了解對方的負面行為和調解的功能，使調解的氣氛慢慢由敵對變為合作，加快調解進度。

　　因此，調解員的教育功能非常重要，他們必須擁有法律知識及談判技巧的基本認識，才可平衡爭議雙方的談判權力，保障爭議雙方尤其是弱勢爭議人的合法權益。

鼓勵爭議人

　　爭議人往往要經歷漫長及困難重重的談判過程，期間不斷面對挑戰，需要勇氣及意志力方可克服這些困難。在調解過程中，爭議人的情緒容易大起大落，未必能持續進行談判而降低調解的進展速度，他們亦容易感到氣餒而放棄，需要調解員不斷的鼓勵和支持。

　　故此，調解員的其中一個重要責任，就是擔當鼓勵者的角色，在調解過程中不斷地鼓勵爭議人，加強他們的信心及勇氣，讓他們感到自己的表現良好。同時，調解員亦需不停向爭議雙方展示良好的調解協商進度，提升他們的士氣及信心，鼓勵他們積極地繼續努力進行協商談判，直到所有糾紛獲得解決並達成調解協議。

　　可是，在鼓勵爭議人的過程中，調解員應當小心維持中立，否則爭議人會懷疑調解員的中立性而對其產生偏見或失卻信心。爭議人可能因此而放棄繼續進行調解，選擇採取激烈的法律抗爭訴訟程序。所以調解員必須注意保持行為及言語中立，爭取爭議人的信任及信心。

平衡權力

　　爭議人的文化背景、教育水平及談判能力的差異，會直接影響他們協商談判的能力。假若爭議人的議事能力表現強弱懸殊，調解員便需要採取步驟或措施，平衡議事能力懸殊的情況。例如：利用單

獨會議，教導議事能力薄弱的爭議人如何進行談判，或採取行動來削弱議事能力強大的爭議人，例如建議爭議人與精神支持者（好友）一起參與調解。可是，調解員採取有關步驟時，需要特別小心處理。因為調解員需要以公平、公正、平衡的方法及態度進行調解，否則會使爭議人對調解員產生偏見，破壞爭議人雙方與調解員辛苦建立的信任，導致整個調解失敗。

為了平衡爭議人議事能力的懸殊，調解員可以採取以下措施來處理這些問題：

1. 在第一次與爭議人單獨會面時，應當分析爭議人所提供的資料，是否可以恰當地以調解方法解決；
2. 在爭議人與爭議人交換資料時，應當分析爭議人的議事能力；
3. 應當給予雙方同等的發言時間及機會；
4. 應當協助爭議人利用調解員作為他們的發言人，而不是任由爭議人進行直接對話；
5. 應當善用冷靜期，給予爭議人一個冷靜的機會，讓議事能力薄弱的爭議人，可以暫時脫離壓力，得到紓緩的機會，讓爭議人高漲不安的情緒得以平復，冷靜地思考如何繼續進行談判協商；
6. 應當加緊執行已制定的調解會議規則，例如：在對方發言時，不得干擾對方，制止爭議人蓄意搗亂；
7. 應當善用單獨會談的機會，向爭議人灌輸談判技巧，鼓勵議事能力薄弱的爭議人繼續爭取自身應有的合法權益；
8. 應當協助爭議人進行協商，引導當事人解決有關困難；
9. 教導爭議人如何進行談判及面對壓力，加強爭議人的自信心，使調解可以繼續進行，直至所有問題獲得圓滿解決。

測試調解協議的可行性、合法性和持久執行性

由於調解員來自不同的專業背景，例如：律師、社工、心理專家等，他們擁有不同的專業知識、經驗及經歷，所以他們可以為爭議人的調解協議內容條款進行可行性、合法性和持久執行性測試，協助爭

議人分析他們的和解方案在現實的情況下，是否可落實執行，而且受到法律的保護和保障。因為調解協議也是一份合約，要滿足法律、法規的規範，所以調解員應建議爭議人尋求律師的協助，把草擬的和解條款變成一份符合法律規格的調解協議。

終止調解

調解員的最後一個重要功能，就是行使終止調解的權力。任何調解參與人，包括調解員，均可以隨時終止調解。因為調解不像訴訟，是必須自願參與，不能強迫的，否則調解協議將會無效。可是，若調解案件涉及的爭議事項不適合以調解解決，或調解員認為爭議人一方的精神狀態不適合繼續進行調解，或一方爭議人在濫用調解程序，損害另一方爭議人的利益，調解員可終止調解，轉交法庭繼續審理，以保障爭議人及其他與該案件有關人士的權益。調解員在決定採取終止調解前，應小心詳細處理有關已披露的資料，以免損害爭議人雙方的利益。

上述各種功能，每個調解員都應具備，否則，調解將無法發揮其優點，平衡及保障爭議雙方的合法利益，協助制定可行及雙方可以接受的和解方案，維繫爭議雙方的關係。

如何選擇合適的調解員？

在香港，爭議人可以從香港國際仲裁中心暨香港調解會取得合資格專業調解員的名單（網址：www.hkiac.org），從中選擇合適的調解員為他們處理民商事及家事糾紛。

這些專業調解員來自不同的專業背景或行業，爭議人可以客觀地按下列因素來選擇合適的專業調解員，例如：

1. 調解訓練；
2. 調解經驗及經歷；
3. 專業知識；
4. 專業資格；
5. 調解員的費用；

6. 調解員的知名度；

7. 調解員的名譽或聲望；

8. 調解員的性別；

9. 調解員工作及居住的社區；

10. 調解員的種族；

11. 調解員能操流利的方言。

第八章

調解員團隊組合

調解員團隊組合

　　一般來說，調解只需要一位專業調解員主持便可。可是，某些複雜的社區糾紛，例如：「舊區重建項目」，屬於大型基建工程發展項目，涉及多方面而複雜的糾紛及利益團體。在這些複雜的糾紛中，往往需要聘用兩個或以上的專業調解員，組合成一支調解員團隊，協助不同利益團體進行調解談判。這支調解員團隊與單一調解員扮演相同的角色和功能，包括：中立、持平、保密、擁有談判和溝通技巧。當各方爭議人團體出現權力不平衡，或這些爭議團體因宗教、種族、文化、性別和經濟能力出現嚴重分歧時，這支調解員團隊便可以按其成員組合的專業知識和經歷，制定恰當的調解策略，協助爭議人處理有關紛爭。例如：處理異族離婚所產生的糾紛，可聘用一男一女的調解員或不同國籍的調解員，平衡爭議人的利益。

調解員團隊組合有何優點？

　　聘用調解員團隊有很多優點，因為他們可以：

1. 加強調解員彼此之間的溝通和談判技巧，給予資歷較淺的調解員向資深調解員學習的機會；
2. 可以按個別調解人員數目進行分工，共同分擔複雜的爭議事項或分歧，減低調解員和爭議人的壓力；

3. 調解員團隊可以由不同專業人士組成，按他們所擁有的專業
   知識，互相配合處理涉及專業知識的分歧，例如：律師與社
   工共同調解離婚所產生的子女撫養權及婚姻財產糾紛；
4. 調解員團隊成員可同時扮演好人和壞人的角色，軟化爭議人
   的立場，減低當事人彼此之間的矛盾。

因此，調解員團隊適合處理較複雜、爭議人數眾多、困難度高的
爭議。

調解員團隊組合有何缺點？

雖然聘用調解員 [1] 團隊有很多優點，但亦有它的缺點，應用不善
可以產生下列問題：

1. 調解員團隊在調解會議上可能出現操作不協調的問題，尤其
   是調解員之間的經驗差距較大時，爭議人只會尊重及聽從資
   深調解員的建議，而不理會資歷淺的調解員。因此，資歷淺
   的調解員便成為資深調解員的秘書，失卻調解員團隊應有的
   功能；
2. 不同的調解經驗及技巧，會產生不同的處理衝突的方式，使
   爭議人產生混淆而無所適從；
3. 聘用多名調解員會增加調解所需的費用；
4. 爭議人可能會擁護某個調解員，而敵視其他調解員，使調解
   過程更加複雜。

因此，是否聘用調解員團隊，爭議人應考慮糾紛的複雜程度、爭
議人數目、困難度等因素後才作決定。如有需要，可諮詢香港調解
會等有關調解機構。

---

1. 在香港，現行法律沒有明文規定調解員的執業資格。根據香港國際仲裁
   中心調解員認可委員會的規定，調解員必須成功完成香港調解會的調解
   訓練課程，或仲裁中心調解員認可委員會批准而不少於 40 小時的課程。
   香港調解會是民間組織，異於內地人民調解委員會的性質。

第九章

調解流程簡介

　　調解可以分為「衝突分析階段」(或稱「上調解滿意三角」)及「探討及解決衝突階段」(或稱「下調解滿意三角」),這是每個調解必然經歷的過程。調解員必須有系統地按著這些階段進行調解,才可協助爭議人尋找引發爭議的真正源頭,達成雙方可以接受的和解方案,徹底解決有關糾紛。

　　在「衝突分析階段」中,調解員應當鼓勵當事人向其披露所有相關資料(包括敏感資料),並且引導當事人探討問題的根源、種類、數量及嚴重性。在這階段,調解員會與爭議人共同探討問題的成因,讓爭議人宣洩不滿的情緒,建立溝通管道及彼此之間的互信,嘗試建立雙方認同的爭議事項及討論事項。

　　當調解員與爭議人在「衝突分析階段」內共同探討引發衝突的真正原因及制定討論事項後,可以進入「探討及解決衝突階段」。在這階段,爭議人在調解員的引導和協助下,開始一起進行協商談判,共同尋找及討論雙方可以接受的和解方案。

調解前的準備工作:調解籌備會議

　　在香港,調解員的委任和啟動是由當事人自行決定的,當事人可從不同的調解協會(例如:香港專業調解協會)、專業團體(例如:香港律師會、香港國際仲裁中心)設立的專業認可的調解員名冊中選擇及委任來自不同專業背景的認可調解員,協助解決他們的爭議。

調解流程

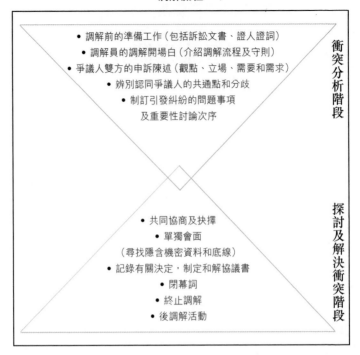

調解員的委任可以是十分簡單和快捷的，只要爭議雙方當事人決定選取及委任同一個調解員後，便可自行啟動調解的程序。假若僅僅由一方當事人提名委任，而對方卻反對其提名，這個提名程序便會變得十分費時。

在選擇調解員的議題上，可以引發爭議的原因有以下各種：

- **調解員的費用**。不同專業背景和經驗的調解員會有不同的收費，收費的差別可以很大，爭議雙方會對此持有不同的意見，視乎爭議人是否重視調解員的質素和經驗；

- **調解員的性別、種族或國籍**。爭議人對調解員的性別取向，在調解家庭爭議上可以是一個重要的因素，因為爭議人往往會認為調解員的種族、文化背景、性別，會直接影響他們的權益，例如：涉及異地婚姻的爭議；

- **爭議人的互信程度。** 若爭議雙方當事人互不信任對方，無論一方當事人選擇什麼專業背景的調解員，均會被另一方拒絕。因此，爭議雙方需要獨立第三人的介入和推薦，例如由調解協會會長推薦；

- **爭議人是否希望使用調解方式解決爭議。** 香港法院司法指引鼓勵爭議人以調解解決，任何人沒有合理理由拒絕調解，將會面臨訟費的影響。爭議一方往往選擇一些沒有經驗或無心追求調解成功和收費廉宜的調解員，因為爭議人只是希望調解失敗而可繼續進行訴訟，藉此滿足法庭程序的要求。

調解預備會議階段的目的

調解員獲雙方挑選及任後，應當為爭議人舉行調解預備會議。為什麼調解員一般會在正式調解會議進行前，先與個別爭議當事人進行預備會議？是否必要要有調解預備會議？舉行調解預備會議有何優點？與個別爭議當事人進行預備會議，才可以讓調解員充分了解爭議的內容、所涉及的法律和爭議性質、爭議是否已經進入司法程序，爭議雙方的情緒和精神狀態是否適合進行調解（尤其是家事調解的爭議當事人）等重要資料。

調解員與個別爭議人進行調解籌備會議是必須的，因為可以達到以下目的：

與爭議當事人盡早建立互信關係。 與爭議當事人建立互信關係是調解員首要的任務，會直接影響當事人會否向調解員披露敏感資料，讓調解員可以進一步了解爭議雙方問題的癥結，以利調解員制訂調解的策略。因為這種單獨會面，可以給予調解員機會詳細地講解調解程序和調解員的功能，好讓當事人認識調解程序和調解規則，同時接觸和認識調解員，觀察調解員的人格、體會調解員的反應、幽默感和澄清一些當事人對調解的誤解，促進彼此的互信。

調解員如何與當事人建立此種信任呢？調解員可以安排與當事人在一個中立及舒適的地點進行調解預備會議，建立友好互動的氣氛，減輕他們不安的情緒，讓他們可以安心地暢所欲言。同樣地，調解員可以要求爭議雙方當事人的律師在調解預備會議前提交一些訴訟文

件，例如：呈請書、答辯書、證人證詞等相關材料，好讓調解員在調解預備會議進一步了解他們的立場、需要、需求，以及合理或不合理的期望。調解員同時可以透過談話，親自觀察及評估個別當事人的精神狀況，是否適合進行調解。以下是調解籌備會議的功能：

1. **讓當事人熟悉調解的功能和程序。**調解員可利用在調解籌備會議中與個別爭議人單獨會議時，向當事人介紹調解程序及其相關功能，包括：調解員的功能和中立性、調解的保密性、調解如何可以協助他們解決問題、調解協議的法律效力等事宜，並且解答當事人關於調解的問題，消除他們的顧慮，好讓當事人了解調解的功能和限制，決定是否參與調解。此外，調解員可藉著介紹調解程序和功能的過程中，解答當事人的疑慮和顯示自己的能力，加強彼此之間的信任度，讓當事人能夠更好地與調解員配合，直至當事人解決所有的爭議和達成相關的和解協議。

2. **給予調解員與當事人洽談可能涉及的利益和解決的方案。**透過調解籌備會議與個別的當事人單獨接觸，調解員可以鼓勵當事人認真考慮自己的利益，以及如何保障這些利益的方式。調解員應當鼓勵當事人思考：

- 期望在未來的調解會議可以獲得哪些利益？
- 維繫雙方的關係是否重要？
- 雙方的利益是否不能相容？
- 有什麼增加自身利益的有利條件？
- 是否與對方有共同的利益？

以上問題可以幫助當事人思考自己和對方是否有共同的利益？是否可以繼續合作維繫雙方的關係？是否願意使用調解和配合調解員的指導，共同找出雙方均可接受的和解方案？

調解預備會議階段（Pre-mediation Conference Stage）

因為調解必須是自願的，調解參與人是必須有行為能力，所以調解員需要初步審查及評估有關已披露的案件及爭議人資料，以利調解

員衡量案件是否適合以調解方式解決。調解員亦可以從個別爭議人所提供的資料中，了解爭議人的背景、糾紛及性質、爭議人的心理狀況，評估個別案件是否適合以調解方法處理，並向爭議人講解涉及聘請調解員的有關事項、費用、調解會議地點及時間等行政事宜。

調解員也可以在正式調解會議前，先行用電話與爭議人聯繫，了解有關糾紛涉及的內容和法律範疇，衡量該案件是否適合調解。調解員初次與爭議人在籌備會議中會面時，應當查詢爭議人是否同意進行調解。調解員必須進行資料收集和審查，分析當事人的心理狀態及其所披露的資料，並且必須留意下列事須：

- 糾紛是否涉及違法或犯罪行為，例如：是否有虐兒行為的指控（allegation）？
- 糾紛是否涉及不道德行為，例如：是否有性侵犯的指控？
- 糾紛是否涉及爭議人一方的人身安全，例如：是否有家庭暴力行為的紀錄或指稱？
- 爭議人是否有行為能力，適合接受調解，例如：是否屬智障人士、禁治產人、精神病患者、受法律保護的人？
- 糾紛是否涉及第三者利益，例如：子女的利益？
- 爭議人的談判能力是否過分不平衡？
- 爭議人的情緒或行為，能否在調解過程中受到控制，不會襲擊對方或調解員；
- 爭議人是否擁有表達和聆聽對方理據的能力；
- 爭議人能否達成一個對彼此公平的結果；
- 爭議雙方是否希望盡快解決有關爭議？是否有設有限期或時間限制？
- 爭議雙方在達成協議後，是否希望繼續維繫雙方的關係？
- 當事人談判的能力是否懸殊太大？
- 爭議雙方參與調解的目的是甚麼？
- 當事人對相關事項的判斷和行為能力是否懸殊太大？
- 有關爭議是否涉及暴力或威嚇？例如：家庭暴力或虐待事件，威脅當事人或調解員的人身安全，需要拒絕委任及轉介有關機構處理；

- 有關爭議是否涉及一些專業知識，需要擁有這類專業人士參與？例如：涉及建築物的糾紛，可建議爭議人邀請工程師一同參與調解；
- 調解員與當事人或爭議事項是否存在利益上的衝突？若是，應拒絕有關委任；
- 雙方是否希望獲得金錢上賠償，還是希望獲得一個訴訟無法給予的判決？
- 雙方是否希望減低法律訴訟的費用或終止有關訴訟？
- 雙方是否需要法庭指引或確立先例？
- 雙方是否希望將爭議公開？
- 雙方權利是否懸殊太大，促使其中一方不能夠有效地爭取自己的利益？例如：其中一方有律師代表，而另外一方卻沒有；
- 爭議是否涉及法律問題需要法庭作出指引或需要確立先例？
- 雙方是否希望使用調解作為解決他們的爭議？
- 雙方的爭議是否涉及公共政策並會對公民社會有深遠的影響？
- 爭議一方是否威脅提起刑事訴訟？例如：一方提出一些涉及刑事違法行為的指控？[1]

上述事項會直接影響調解的結果是否可以繼續進行和落實執行。倘若調解員遇上以下各項，應當終止有關調解，例如：

- 糾紛涉及純粹法律定義的爭議；
- 爭議人任何一方沒有和解的決心；
- 糾紛會危及當事人或其他家庭成員的人身安全；
- 糾紛涉及不能妥協的價值或原則；
- 糾紛涉及違法或違反公共政策等事項。

---

1. Jay Folberg, Dwight Golann, Lisa Kloppenberg, and Thomas Stipanowich, *Resolving Disputes: Theory, Practice and Law* (New York: Aspen Publisher, 2005), 311.

調解前的準備工作：簽署「同意進行調解協議書」

假若調解員審查完爭議雙方當事人提交的有關爭議文件，滿意自己與調解案件沒有利益衝突、爭議人的行為能力、有關爭議沒有違法或違反公共政策等事項後，可以選擇合適的調解場地，安排爭議人雙方與調解員簽署「同意進行調解協議書」和保密協議，正式授權調解員處理他們的爭議和表達雙方當事人均願意參與調解。

「同意進行調解協議書」的內容應包括下列各項：

- 爭議雙方同意參與調解，解決爭議雙方之間的分歧；
- 爭議雙方均是自願意參與調解，調解的結果是由雙方當事人決定的，而不是由調解員決定；
- 爭議雙方均同意調解員是不用承擔調解過程中出現的任何事項的法律責任，除了欺詐行為外。
- 爭議雙方當事人均同意，調解過程中提到的或使用過的材料或言語，將不會成為日後司法程序的證據。因此，整個調解過程會是保密的，除了雙方當事人同意披露或者法律規定必須披露的事項外；
- 爭議雙方明白可以在任何階段終止調解；
- 了解調解員是中立的，是不會偏袒任何一方當事人，並且不會和沒有提供任何法律意見或建議的義務；
- 爭議雙方當事人所需分擔的調解員費用及分攤比例；
- 調解員的免責條款。

詳細內容請參考本書的「同意調解協議書」（見附件一）。

調解場所的選擇

一旦雙方當事人同意調解後，調解員應當為當事人選擇恰當的調解會議場所。調解員應當考慮將會選取的調解場所的周圍情況（例如：交通、停車、安靜與否等），以及有關場所提供的設施，是否能夠給予爭議雙方當事人一個安全、寧靜、舒適互動的空間（例如：洗

手間、休息室、茶點、出入口位置、房間桌椅安排以及電話、傳真等電子設備等)。

法律並沒有明文規定調解應當如何進行。調解可以在任何場地進行,只要環境寧靜及隱蔽,外人不能聽取調解的談話內容便可。但筆者認為調解員應當盡量選擇一些中立的場所,或者是雙方當事人都同意的地點,作為調解開會的場所。調解員可以選擇雙方爭議人同意的場地,如公司會議室、調解員的辦公室、酒店會議室等。

調解地點設在爭議一方選擇的場地,會有下列優點:

- 爭議一方可以阻止對方在談判協商未成功之前離開;
- 可以自由使用自己的地方,而且容易獲得其他支援,例如:文件、證據;
- 答辯人來到原訴人的地方,原訴人佔有「地利」的心理優勢,可向對方施予無形的壓力;
- 可以節省時間和金錢。

但也會有下列缺點:

- 爭議一方可能受到其他人不必要的干擾,不能專注於協商談判的事項,例如:父母親、上司或下屬的干擾;
- 對方可以藉故拒絕提供資料,例如:藉口說忘記攜帶某些文件;
- 對方可以繞過爭議人,越級與他的上司協商談判,使爭議人失卻談判的控制權;
- 爭議人須負責安排場所。

若由調解員選擇在一個中立的地方進行調解,例如:調解員的辦公室、酒店會議室,則有下列優點:

- 調解員可以阻止爭議雙方在談判協商未成功之前離開;
- 調解員可以選擇恰當的地方,容易獲得其他支援,例如:調解員聘請的保安人員可以阻止爭議人使用暴力;
- 調解場地在中立的地方進行,爭議雙方沒佔任何「地利」的心理優勢,平衡各方談判的勢力;

- 離開平時的環境可以在心理上鼓勵雙方廣開思路；
- 爭議雙方不受其他人干擾，可以專注於協商談判的事項；
- 爭議雙方不可以繞過對方，越級與其上司協商談判，因此不會使爭議人失卻談判的控制權；
- 雙方處於一個新的環境，存在共同的心理障礙；
- 減少被偷聽或竊聽的機會；
- 爭議人無須負責安排場所。

但也會有下列缺點：

- 花費時間（尋覓適合的地方）或金錢（開會房間租金）。
- 爭議人不可以自由使用自己的地方，並無佔有「地利」的心理優勢向對方施予無形壓力；

由此看來，由調解員選擇中立的場地進行調解較易為爭議人接受，亦最為可取。因此，調解員應當選定舒適及中立的場地，安排充裕的調解時間，並且要完全避免外人的干擾。同時注意會議房間的大少、燈光、顏色、座位等的安排，以免影響調解的進度。

調解員還需要考慮調解地點能否提供必備的聯絡工具，例如：電話、傳真機，讓爭議雙方可以聯繫他們的律師、上司等。調解會議的房間必須足以容納各種設備，包括書寫工具、白板等，還要有適當的空氣調節。會議室椅子的軟硬要適中，太舒適的椅子容易使人打瞌睡，不舒適的容易使人想離開。在調解會議中最好禁止吸煙，以免影響當事人的專注力。最重要的是，調解員必須在會議室旁邊準備一小房間作為單獨會談用途。

調解會議所需的時間

在調解會議進行前，調解員必須評估調解所需的時間，確保雙方當事人預留足夠的參與時間。若涉及的爭議不太複雜，一般而言，只需半天便可解決有關問題，否則，調解員最好安排至少一整天的時間，並徵求當事人的同意。

調解正式會議（介紹階段）

　　一旦調解正式進入具體的開會程序，調解員在開會當日必須是最早抵達調解場所，以便迎接雙方當事人和給予必要的指引，使他們能按照有關的安排就座和開始調解程序。這樣能確保調解場所有關的設施和設備都已經準備就緒，避免到時發生意外。

接待及歡迎

　　爭議人初次到達調解會議場地，一般會：

- 緊張、不安；
- 懷疑對方的企圖；
- 害怕爭議失敗而一發不可收拾。

　　因此，調解員應當營造友好、平靜氣氛，讓雙方當事人可以放鬆緊張的心情，以利減低這些不安情緒，促進彼此的互信關係，加快進入調解的氛圍。好的開始可以幫助爭議雙方當事人減低彼此的敵意，使調解員更容易控制調解的流程，加快爭議人的自信心，促使爭議人更容易進入談判協商狀態。

調解場所的位置安排

　　為了更有效地控制調解的程序和營造友好平和的氣氛，調解員可先在會場等待爭議雙方當事人，並向他們問候一些有關交通、停車情況，以及介紹調解場所的一些設施和設備，以緩解當事人的緊張情緒。調解員應當在約定調解會議前三十分鐘先行到達會場，並且再次檢查會議環境的舒適度、書寫工具、白板、單獨等候房間、座椅、飲品、小食等安排。最後，調解員引領爭議雙方當事人安坐在合適的位置。

　　一般而言，當事人應該安排坐在調解員左右兩旁，並且安坐的距離相等，以此表明雙方的對等地位以及調解員的中立態度。若一方當事人有其他支持人士參與調解，調解員應當安排他們坐在該方當事

人旁邊或身後。若一方當事人要求律師代表參與，調解員應在事前與代表先行溝通，確認調解的程序及彼此參與的角色，以避免在調解過程中產生任何異議。當事人的律師或支持者能否在調解會議上發言，應由當事人雙方與調解員在會議前先行溝通，尋求有關看法，但是具體的發言和決定權還是由當事人他們自己作出。除此以外，調解員必須給予當事人及其律師或支持者有同等發言的機會和時間。

調解聯席會議：審查調解參與人的授權和能力

在調解聯席會議開始前，調解員應當再次審查出席的爭議人或其代理人是否擁有參與調解及簽署調解協議的權力或授權書，例如：公司董事會簽發的「授權書」。調解員應當審查下列各項：

- 糾紛所牽涉的範疇；
- 代理人的身份資料；
- 代理人出席調解聯席會議及簽署有關調解協議書的權限；

假若當事人所獲的授權不足，調解員必須要求調解參與人安排補充授權，否則，調解員應當考慮調解會議是否繼續進行，因為缺乏恰當的授權會直接影響和解協議的法律效力。例如：在香港建築行業的糾紛，出席調解聆訊的政府代表，往往需要尋求有關部門審批才能簽署有關調解協議，這些政府代表只獲得授權參與調解過程，而沒有權簽署或同意有關協議條款，尤其是牽涉巨大款項，這些調解協議往往需要由有關部門審批方可生效。所以調解員應在事前取得這些資料，方可進行調解，以免浪費時間，或被爭議人起訴，而被迫捲入他們的爭議中。若爭議雙方均是個別人士，則無須任何的授權，但調解員必核實他們的行為能力和情緒是否適合調解。

調解聯席會議應當注意的事項

調解聯席會議開始時，調解員應當：

- **介紹調解的基本規則（ground rules）**。調解員應當講解調解程序和制定調解過程應遵守的基本規則，例如：要求當事人尊

重對方的發言權，一方當事人在陳詞的時候，相對一方不可干擾或打斷發言，必須等待發言者結束後方可發言。調解員應當強調當事人必須互相尊重，不得互相惡意誣陷或中傷對方，而且提醒各方，他們是有同等發言的時間和機會。這樣可以幫助調解員能夠清楚地聆聽各人的陳詞或陳述；

- **決定陳述或發言次序。**假若爭議雙方當事人因爭奪先行發言權而爭持不下時，調解員可建議以拋銀幣來決定先後次序。若爭議雙方當事人沒有爭奪首先發言權，也可建議跟隨一般訴訟程序，由呈請一方首先發言，確保程序公正，不偏袒任何一方。
- **銷毀調解紀錄。**調解員應當提醒爭議雙方當事人及其他參與人士，在調解結束之後，應當銷毀在調解過程中所做的一切紀錄。但在中國內地則需保留有關紀錄；[2]
- **安排舒適及安全的環境。**調解員應當為當事人安排一個舒適及安全的調解會議環境，以利營造正面、和諧、友好的合作氣氛，減低爭議人緊張不安的情緒；
- **安排爭議人合適坐位。**安排爭議人坐在一個與調解員相近的位置，讓調解員看到對方的神情，以利調解員觀察爭議人在進行調解時的反應。假若調解員得悉一方爭議人有暴力傾向或有多次使用暴力的紀錄，應當安排爭議人坐在一張長桌的兩頭，以分隔雙方爭議人，提高爭議一方的安全感及逃走機會；
- **鼓勵爭議人積極參與調解。**很多爭議人在面對離婚時，情緒往往十分低落。因此，調解員需要運用同理心溝通技巧，鼓勵他們積極面對和維護自己的合法權益；
- **鼓勵爭議人坦誠參與調解。**調解員應當提醒爭議人説真心話，坦誠披露相關資料，並且説明任何人以欺詐的手段獲得的調解協議書，最終將會無效。調解員還應當強調真實資料是可以協助他了解問題的癥結，有利制定調解策略。

---

2. 《中華人民共和國人民調解法》第二十七條規定：「人民調解員應當記錄調解情況。人民調解委員會應當建立調解工作檔案，將調解登記、調解工作記錄、調解協議書等材料立卷歸檔。」

正式調解會議流程簡介

調解員主持解會議的開場白

在調解會議開始前，調解員首先要向當事人宣讀「開場白」（見附件二），釐定調解會議的規範，並且強調調解的保密性及爭議當事人不能在對方陳述時作出任何干擾。這樣可以安撫爭議人不安的焦慮和減低互相猜疑的情緒。

開場白的作用是向當事人介紹及講解調解的過程、調解基本規則等資料。宣讀開場白有助調解員建立威信，促使當事人遵守調解員所制定的議事規範，並且可以發揮以下功能：

- 減低爭議人惶恐的心理壓力；
- 澄清調解員及爭議人的角色；
- 澄清及確立爭議人有作出和解決議的自主權；
- 說明由調解員制定調解程序法規；
- 有助調解員與爭議人建立信任；
- 釐定調解員在調解過程中的程序控制權；
- 有助調解員介紹調解過程及有關資料；
- 確立調解員的中立性，加強當事人對調解員的信任。

調解員應在他的開場白內包含下列各項：

- 先讚賞爭議人選用調解來解決他們的爭議是一項明智抉擇；
- 向爭議人介紹調解的流程，包括單獨會議和聯席會議等程序；
- 查看爭議人是否自願參與調解；
- 向爭議人解釋調解的作用及目的；
- 解釋調解員及爭議人的角色；
- 解釋調解員的中立性、獨立性及責任；
- 向爭議人發出調解指引，例如：當一方發言時，另一方不可以阻止或騷擾對方；
- 向爭議人解釋調解的保密及無損法律權益的性質。

引導爭議人陳述本身的觀點及需要

　　調解員宣讀完開場白後，應當要求爭議當事人在整個調解過程中，必須坦白向調解員提供及披露真實正確的資料、數據，以利調解員明瞭引發衝突的真正原因、事實的真相、爭議人真正的需要及需求，以及爭議人的憂慮，以便協助爭議人制定及處理爭議討論事項。調解員必須強調爭議人不得以粗言穢語辱罵對方，並防止爭議人破壞調解員與爭議當事人艱苦建立的溝通管道及彼此之間的合作關係。

　　此外，調解員還應強調所有在調解會議中披露的資料，均是建基於無損權益（without prejudice）的保護基礎，這些資料將不能被用作日後訴訟用途或支援證據，當事人可以坦誠地向調解員披露相關資料，以利調解員了解引起糾紛或衝突的真正原因、衝突的複雜程度、案件所牽涉的問題及其性質。調解員可根據這些資料，制定恰當的調解策略，幫助當事人解決他們的糾紛。

　　調解員應當按照爭議雙方當事人所認同的重要事項順序排列，可以從最重要的爭議事項開始討論。在討論協商期間，調解員須用心聆聽及認同爭議人的感受，建立密切友好的互信關係，協助他們聆聽對方的觀點事實，引導他們了解彼此的關注事項及原因。

　　一般來說，調解員可要求原訴人開始作出有關陳述，但這並不是定律。為了保持調解員的中立形象，應當向雙方當事人查詢，哪一方希望首先發言，否則會造成偏袒一方的感覺，破壞當事人對調解員信任的良好開始。假若雙方都不願意首先發言或爭奪首先發言，調解員可拋擲硬幣來決定誰人首先發言。

　　接著，調解員在邀請爭議一方開始簡略陳述個人的觀點及有關事實前，應向當事人雙方強調，任何一方在發言中，相對方是不可作出任何干擾。若爭議人雙方有律師代表出席參與調解，調解員應邀請爭議人首先作出有關陳述，然後讓其律師作出補充（如有需要），再引導爭議人對每一項要點加以詳述，協助爭議人總結有關觀點、事實。

　　在整個過程中，調解員必須保持中立，給予雙方當事人平等機會提出各自希望討論的議題。當一方當事人陳述完畢後，調解員可邀請相對方陳述其本身的觀點及有關事實，然後再引導爭議人對每一項

要點加以詳述補充,並運用提問技巧查詢爭議人,逐步引導他們有系統地陳述自己的觀點及感受,及協助爭議人總結有關觀點、事實,共同尋找解決問題的可行方案。調解員可以把有關問題寫在大家都能看見的地方,例如在黑板、白板或大頁紙上。

調解員在當事人陳述完畢後,必須立刻簡略地總結其觀點、事實及訴求,給予發言者澄清及糾正 (若有錯誤),讓當事人感到調解員也是同樣專心地聆聽他的陳述。然後讓雙方輪流提出有關問題,直至所有陳述的議題皆完成討論為止。

在當事人陳述階段,若當事人的行為反應激烈,調解員必須維持及執行有關調解規則,建立安全及和諧的氣氛,並提醒當事人在調解進行時,必須共同遵守調解員制定的調解規範,即是當一方發言時,對方不會作出任何干擾。同時,調解員可強調他們的敵對行為,是不會幫助他們解決有關糾紛。調解員還必須維持及執行有關調解規則,否則將無法營造平和、安全及和諧的氣氛及環境。

很多時候,調解員需要鼓勵弱勢一方爭議人面對困難,並且以務實的態度解決有關問題,避免產生對立的困局/僵局。必要時,調解員應規範有關討論範圍,以免當事人節外生枝,遠離議題和浪費時間。調解員亦需推動他們彼此協商的步伐,協助認識雙方的個人及共同利益、需求及困難之處。

假若當事人在調解會議上拒絕合作或作出抗拒性行為,調解員應當如何處理?由於爭議雙方當事人的敵對情緒可能十分高漲,往往會在調解會議上出現雙方當事人不合作的情況,例如,人身攻擊、謾罵等,因此,調解員必須嚴格控制有關調解程序,及採取以下步驟解決:

- 提醒爭議雙方當事人最初同意遵守的調解基本規則,並要求雙方共同遵守;
- 再次向雙方當事人強調調解的功能和中立角色,幫助解決他們的爭議;
- 調解員可以嘗試暫時忽視有關行為,期望當事人自己逐漸改變;

- 認同當事人所作出的感受，但指出這些行為不應該在調解會議中出現；
- 明確指出行為的不當性，並說明可能會對解決爭議產生不利影響，要求爭議雙方當事人能正視這些問題；
- 暫時中止討論該話題，轉入另一個話題，以緩和衝突的氣氛；
- 調解員可以建議進行單獨會議，了解問題所在；
- 可以暫時中止調解，讓當事人享用預先預備的茶點，給予爭議雙方當事人時間調整情緒；
- 如果當事人的行為持續，調解員可以考慮終止調解，並告知當事人，讓當事人選擇是否繼續進行調解；
- 調解員直接終止調解，並宣告調解失敗。

　　最後，調解員應總結及澄清有關的爭議事項，制定協商談判爭議事項供爭議人討論，協助爭議人尋找可行的解決爭議方案。

引導爭議人陳述觀點及感受的作用

　　調解員為什麼需要在調解聯席會議中，引導爭議人陳述自己的觀點及感受呢？大致有以下原因：

1. 讓調解員深入了解涉案爭議的性質及引發衝突的真正原因，因為在調解員的引導下，爭議人可以有條理地描述整個事件發生的過程，清晰地說出引發衝突的真正原因；
2. 爭議人在一個安全的環境中向調解員陳述內心的憂慮、關注及立場，可以迫使對方聆聽，並讓調解員解讀這些憂慮、關注，以免爭議人因情感因素而無法清晰陳述及接收這些重要訊息；
3. 在調解員主持及控制的情況下，給予爭議人機會抒發他們的不滿，紓緩爭議人憤怒不安的情緒，好讓當事爭議人能夠冷靜及客觀地參與協商談判，共同面對及解決有關問題。調解員亦可藉此鼓勵爭議人積極參與整個調解過程

總結爭議人的觀點

調解員在聆聽雙方的觀點、事實及訴求後，應當立刻總結雙方的觀點、立場、事實、需要及需求，並且記錄及總結爭議人所陳述的事項，並向爭議人複述一次，好讓爭議人審核及糾正任何誤解和遺漏，加強爭議人對調解員的信任，凸顯雙方的共通點及／或雙方同意的事實，並讓雙方聆聽對方的觀點、立場、事實、需要及需求，以利調解員營造一個友善、融洽的氣氛。

列出雙方的共通點

在聆聽爭議人雙方陳述有關資料後，調解員應嘗試總結及指出雙方不會爭議的事實及立場，例如：合夥人過往的關係非常密切，或雙方希望不以訴訟解決有關爭議，或不希望花不必要的訴訟費用，好讓調解員營造友好氣氛，為調解協商建立良好及建設性的基礎。

這些共通地方可以用筆記錄下來，讓調解員營造糾紛逐漸獲得解決或進展的氣氛，加快談判的進展速度。

調解員同時亦可以向爭議人指出，這些共同不爭議的事項及立場，往往是在他們因敵意或缺乏溝通下未能看見的，其實他們之間的分歧，並不是想像中那麼嚴重及不可跨越的，而是可以運用調解方式解決。

接著，調解員應與爭議人一起制定爭議事項清單，共同列出爭議人雙方的所有爭議事項，並按著爭議雙方認同的重要程度，共同制定協商談判處理次序，與爭議人一起進行協商談判，共同解決。

制定雙方的爭議事項清單

當爭議雙方在調解員的協助下冷靜地聆聽彼此的感受、立場及關注事項，並互相交換各自的意見後，他們才開始可以漸漸確認明白對方的利益、需要及需求等爭議事項。

調解員在聆聽雙方發表關注事項後，應立刻總結爭議人雙方的觀點、事實及訴求，並以中立平和的言語，列出雙方需要共同協商的議

題及事項，並寫在「白板」或「大頁紙」上，然後徵詢爭議人雙方是否認同調解員所列出的內容，讓爭議人雙方增加或減少協商議題及事項。

調解員應協助爭議雙方制定爭議事項清單，以簡潔、中立的文字，列出雙方爭議人關注的所有爭議事項。然後，按著這些爭議事項的重要程度，制定談判處理問題的次序，好讓爭議人能夠專注討論有關爭議事項，防止在協商討論時偏離爭議事項或浪費時間。

當雙方認同調解員列出的協商議題事項後，調解員應與爭議人雙方討論每項議題，並且協助爭議雙方進行溝通、對話、談判，尋求其他可行的、可接受的和解方案。調解員可按爭議人認同的重要程度，制定談判處理次序，供爭議人共同磋商，協助及引導爭議人專注在這些問題上。然後，按著這些問題的重要次序，引領爭議人進行談判，逐一把他們的問題解決。

調解員可將當事人認為最重要、最困難的爭議事項列為首要討論內容，因為當這個最重要、最困難的爭議事項能透過調解獲得解決，其他爭議事項便顯得不太重要，爭議雙方會較容易作出讓步，其他分歧亦會很容易獲得妥協而達成調解協議。這個方法適合富調解經驗的調解員採用，因為爭議人雙方在調解開始進行時，互相合作的基礎較為薄弱，調解員往往需要熟練的調解技巧，才能應付自如而不會破壞整個調解氣氛。

調解員亦可從爭議事項清單中，先選擇一些爭議性較低的事項作為首要討論內容。在成功解決這些爭議的過程中，調解員可以營造合作氣氛，建立彼此互相信任的基礎。當其他爭議事項一一獲得解決後，餘下最困難的爭議事項，爭議人亦因彼此已經經歷了一段頗長的談判協商會議，建立了良好的合作基礎及關係，從而願意作出妥協或改變自己的立場。最後，困難的爭議事項亦會迎刃而解。

利益與立場

調解員在協助爭議當事人討論爭議事項時，應引導爭議雙方專注於「利益」，而不是「法律權利」、「事實」、「位置」或「立場」。一般人在爭取權益時，都會從自己的立場出發來爭取最大利益，而不會問自

己所關注的、所需要的利益是什麼？這些利益是否與對方有直接的衝突？是否有合作的空間？因此，調解員必須先與個別爭議人一起探討他們真正的需要或需求，而不是他們各自的立場。在第三章所述橘子的故事中，兄妹二人一起爭橘子，他們的立場是要爭取多點橘子。假若他們的母親未有進一步了解他們各自的需要而分配橘子，兄妹二人只能各取半個。從旁人看，這是最平等的分配，可是這並不一定是最好的解決爭議方案。倘若母親能先問明他們各自的需要，將會發現哥哥只需要橘子肉解渴，妹妹只需要橘子皮烤焗蛋糕，最終的結果可能是哥哥百分之百取得橘子肉，妹妹也充分取得所有橘子皮，各得其所。

所以，若母親只注意兄妹二人陳述的立場——爭取整個橘子，她就不會達成妥善的解決方法。可是，若母親注意到一方「取橘子肉解渴」和另一方「取橘子皮烤焗蛋糕」這兩項潛藏利益，就能兩全其美。立場和利益之間的區別，正是解決問題的關鍵所在。所以，調解員必須能夠區別立場和利益，方可有效地協助尋找問題的關鍵。

由此可見，調解員必須調和雙方的利益而不是立場，因為每種利益通常都會有多種不同的方法來滿足，只要越過爭議雙方對立的立場，便可以找到既符合爭議一方的利益，又符合另一方利益的替代性立場。

如何與爭議人談論利益？

為何調解員要與爭議人談論利益呢？與爭議人談論利益的好處，就是可以增加滿足他們需求的機會。從表面來看，爭議雙方爭取利益的立場好像是對立的，就如橘子的故事，爭議雙方並不曉得彼此實際所需的利益，只會把焦點放在如何攻擊對方，阻止對方獲得比自己更大的利益，而不會聆聽對方的陳述，被僵硬的立場套住，無法進行建設性的討論。

因此，調解員必須教導爭議人如何向對方表述利益，讓他們的憂慮、需要或需求可被列入討論議題，一起討論協商。否則，調解員將無法找出爭議的源頭，徹底解決他們的衝突，尋找爭議雙方可以接受的和解方案。

　　調解員應當如何協助爭議人向對方表述利益呢？調解員應協助爭取利益的一方向對方清楚解釋，所爭取的利益對其多麼重要、多麼合法、多麼合理。在協助爭取利益人向對方陳述需要、需求時，當事人必須詳細陳述有關事實，增加事實的可信性和影響力。例如：「你們的運泥車經常在學校區內高速度奔馳，真的把我們都嚇死了！」

　　調解員應當提醒爭取利益方向對方表述利益時，不可批判對方的不是，或暗示對方追求的利益屬次要或違法，只需指出其合法利益受到威脅，以免激發對方出於「自我保護」而中斷溝通。調解員只須強調爭取利益人關注事項的重要性，讓爭議當事人「深有同感」便可。若有需要，調解員可協助爭取利益人請求對方「糾正表述的錯誤」，使爭議當事人感受到爭取利益方通情達理，營造友好洽談氣氛。如果爭議當事人不做任何糾正，即默示認同描述的內容。例如：「你有小孩嗎？如果你的小孩上學時有多輛運泥車在旁高速度奔馳，你會有何感受呢？」這句話沒有批判對方的不是，而是述說其合法利益備受威脅的問題，讓對方體會到爭取利益人的需求是合理的。

　　同時，調解員應協助爭取利益的一方也要了解對方的利益，因為對方也會有其利益需求，其利益也是問題的一部分，不能輕視，必須同時獲得適當處理。調解員應當使爭議雙方覺得你了解他們，重視他們的利益，使他們承認對方的利益亦是整個問題的一部份，他們才會耐心傾聽你的分析和指導或建議。

協商及抉擇

　　列出爭議事項清單後，調解員就要帶領爭議人分析有關爭議，開始進行協商，共同尋找可行的解決方案。這個過程可以被視為由「上調解滿意三角」階段移進「下調解滿意三角」階段，即談判協商及抉擇的階段，尋找可行的解決問題方案。在整個過程中，調解員將會鼓勵爭議人進行直接溝通，給予爭議人宣洩他們內心感受的機會，讓爭議人聆聽彼此的感受、立場及關注事項，確認對方的利益和爭議事項，協助爭議人加深了解過去的事情及觀點，透過討價還價，締造解決問題的可行方案。調解員應使用「腦力震盪」（brainstorming）調解技巧，共同合作創造不同的和解方案供爭議雙方選擇，直至所有問題獲得解決，達成雙方可以接受的調解協議。

調解員在帶領爭議雙方共同討論某一爭議事項時運用「腦力震盪」技巧，集思廣益，可以營造一個非審判的氣氛來收集爭議人雙方的意見及構思，讓爭議人可以產生更多、更富創意的和解方案，按自身的情況及環境，共同擴闊彼此的共同利益（物質及非物質權益），探討各種不同建議及尋找可行的和解方案，突破自我訂定的局限，增加可以落實執行的解決問題方案，供大家比較及選擇，達到雙贏的局面。

當產生各種不同解決問題的可行方案後，調解員需繼續鼓勵雙方抱著合作的精神，共同面對困難，按著他們的共同需求、需要、利益、公平準則，進行分析及討論這些方案的合法性、可行性、實用性及可持續性。然後，調解員引領雙方詳細考慮有關協議的細節及其他與法律、稅務有關的限制等事宜。在分析及選擇合適方案時，爭議人可能需要尋求法律、稅務、會計等專家的專業意見，以確定這些方案是否合法及在現實生活上可以易於落實執行。

雖然這些方案最終未必能百分百滿足爭議人雙方的需求，但調解員應盡力協助及引導雙方放棄堅定立場，彼此作出讓步或妥協，與對方交換自身擁有的利益、法律權利，從整體利益角度共同發展解決問題的方法。透過討價還價，雙方漸漸把分歧縮窄，直至所有問題獲得完滿解決，達成調解協議為止。

在「腦力震盪」過程中，調解員應緊記下列規則：

- 鼓勵當事人思考所有可行的解決方案，愈多愈好；
- 任何意見都可以接受，調解員對這些解決方案不能作任何評價或批評，在整個流程中，無論是正面或負面的意見都應當容許發表。

和解方案評估標準：「實現可行性測試」技巧（Reality Testing Skill）

一系列和解方案產生後，調解員需要鼓勵爭議人雙方抱著合作精神，共同面對困難，按著他們的共同需要、利益、公平準則，分析這些方案。調解員應該邀請爭議人考慮這些方案的可行性、實用性及

可能的後果，然後帶領當事人詳細考慮有關協議細節。在分析及選擇合適方案時，以及在進行評估雙方提交的解決問題方案時，調解員都應以「實現可行性測試」技巧，來審查爭議雙方同意接受的和解方案是否可以滿足他們的需要、需求，以及和解協議書的內容是否合法？是否符合經濟效益及是否可以持久落實執行？

在進行「實現可行性測試」的過程中，調解員應鼓勵雙方爭議人採納或制定雙方認同的客觀量度標準，例如：會計報告、物業評估報告，以利當事人客觀比較。調解員應該規範每項爭議的討論，引領爭議人專注討論有關爭議事項，避免當事人偏離爭議事項而浪費時間。

打破談判僵局：單獨會談

很多爭議人在調解協商過程中，往往會因各種不同的原因而僵持不下，討價還價時，爭議一方會嘗試利用本身的優勢和權力，迫使對方改變或放棄自身的立場，繼而產生權力不平衡的現象（請注意：這種談判方式不但無效率，並且不會產生可行及可持續的和解方案），並且引發激烈的衝突，以致雙方無法繼續進行磋商。假若調解員察覺一方爭議人使用這個方式來進行談判，可暫時中止有關調解，安排爭議人享用茶點，緩和激烈氣氛，並安排與個別爭議人進行「單獨會談」（private caucusing），以利傳授談判技巧給軟弱的一方，平衡談判桌上各人的權力。

甚麼是「單獨會談」？「單獨會談」有何用途？單獨會談是調解員與一方爭議人個別單獨會談，主要目的是探討引致僵局的真正原因，及爭議人是否有隱匿資料及關注事項。其次，就是給予調解員機會向爭議人提供談判技巧，平衡談判參與者權力的失衡，保障各方的合法權益。

「單獨會談」是調解員經常使用的調解工具，讓他向爭議人直接查詢自己有否處理不當（例如：欠缺中立態度）。若有，調解員可以向他們作出道歉，減少爭議人對他的不信任。「單獨會談」亦可讓爭議人向調解員說出隱藏在內心的需要、需求及憂慮。這些需要、需求及憂慮往往是當事人不願意在調解聯席會議上向對方透露的。

「單獨會談」若運用得宜，可以讓調解員得悉各方的重要資料（包括機密資料），了解真正問題所在，協助雙方打破談判僵局，鼓勵他們繼續進行談判，解決彼此之間的分歧。若運用不得宜，會令爭議人雙方對調解員失去信任和產生懷疑，使調解失敗告終。

何時適合進行單獨會談？

很多時候，調解員需要與爭議人進行單獨會談。可是，應該在什麼時候進行？一般來說，若下列情況出現時，調解員應立刻與爭議人進行單獨會談：

- 若談判過程中，爭議人各持己見，僵持不下，談判協商陷入僵局，調解員應立刻中止調解聯席會議，予爭議人享用茶點，緩和談判氣氛，並且建議與爭議人分別進行單獨會談，探索引發僵持不下的原因，了解爭議人隱含的關注及憂慮，分析有關問題的癥結，協助探索其他可行的解決問題方案，並且進行現實可行性測試，軟化爭議人雙方的堅定立場，改變事前已設定的底線，願意作出妥協；

- 若爭議人雙方在聯席會議中敵對表現太過激烈，調解員需要立即暫時中止會議，並且與個別爭議人進行單獨會談，給予他們一個安全的思考環境，可以冷靜地與調解員或其律師商討事項，又或諮詢律師及其他專業人士的意見，有助糾正當事人因對法律或其他資料誤解而產生的錯誤立場，讓爭議人可繼續思考其他合理及可行的和解方案，重新返回談判桌上，繼續進行協商；

- 若調解員在調解過程中，發現一方爭議人因學歷或知識水平的差距而備受對方威嚇，使其在談判中表現太過軟弱，不能有效爭取自己的權益，單獨會談可以給予爭議人一個離開談判桌的機會，暫時紓緩壓力，並且可以給予調解員一個機會，鼓勵爭議人積極面對談判壓力，盡快回復自信及回到談判桌上，繼續努力為自己的權益進行談判，直至所有問題獲得解決；

- 若爭議一方因缺乏談判能力或技巧而在談判中表現太過軟弱,不能有效爭取自己的權益,單獨會談可以給予調解員一個機會教導他們談判技巧,鼓勵爭議人積極面對談判壓力,使爭議人可以盡快回復自信,重新返回談判桌上,爭取自己的權益。如有需要,調解員可容許支持者坐在爭議人身旁(若對方不反對),提供精神上的支援,但應小心不要讓他們的支持者操控或破壞爭議人的協商談判;

- 當調解因失去建設性溝通而中止時,單獨會談可以給予調解員機會了解爭議人堅持己見的目的或原因,以利他決定及衡量是否應當繼續進行調解,以免一方爭議人濫用調解程序來拖延時間,俾其隱匿財產,使法庭的最終命令無法落實執行。

單獨會談的主要功能

單獨會談的主要功能是讓調解員:

- 了解談判的僵局或產生分歧的主因;
- 解決談判的僵局或分歧;
- 測試爭議人所倡議的和解方案在法律上和執行上的可行性;
- 了解及測試爭議人的底線、彈性,及其可以接受其他另類解決方案的程度;
- 澄清爭議人所披露的事實及爭議事項;
- 澄清及核實爭議人真正的需求及期望;
- 制定其他談判策略;
- 給爭議人一個宣洩感情的機會,以協助爭議人回復冷靜,可以面對困難及尋找解決方案;
- 加強爭議人溝通和談判的技巧;
- 發掘一些沒有彰顯的解決方案,及在聯席會議上未能彰顯或提出的個人憂慮、需要及需求;
- 製造機會,與爭議人談論其爭議事項的好與壞;
- 澄清與爭議人所產生的誤會;
- 給予爭議人冷靜思考的機會;

- 給予爭議人說出隱含憂慮的機會，而這些憂慮是他們不想在
  聯席會議中向對方提出的；
- 教導爭議人如何進行建設性溝通及練習如何進行談判；
- 向爭議人施壓及游說；
- 協助爭議人消除心理障礙及尋找其他可行的解決問題方案。

單獨會談的重要性

調解是一個以實質談判行動來解決衝突的方法，調解員在調解過程中不斷進行評估及再評估爭議人的心理狀況及所提出的理據和訴求，並會按個別情況使用單獨會談這個策略，以協助爭議人進行調解。

因為單獨會談可以協助調解員打破談判僵局，讓他評估爭議人的心理狀況，了解爭議人不會在聯席會議上公開討論的隱含憂慮、需要及需求。這些隱含憂慮、需要及需求，往往會阻礙雙方爭議人的溝通，破壞互信，甚至會引發新一輪的衝突，使雙方爭持不下，造成談判僵局。因此，在使用單獨會議時，調解員應清晰地了解爭議人的訴求，聆聽他們的憂慮，以利重新整理或制定談判的議題，供爭議人聯合會議時作討論。

因此，很多調解員（包括：家事、商業、社團等範疇）會使用單獨會談來協助調解。從筆者的經驗，調解員若運用得宜，單獨會談可以協助打破爭議雙方的談判僵局，促進爭議人互相了解對方的處境及需求，從而加快爭議人解決雙方的歧見，達到雙方可以接受及執行的和解方案。

調解員進行單獨會談注意事項

調解員在進行單獨會談時需要注意下列各項：

- 必須給予另一方爭議人同等單獨會談的機會及時間，並在進
  行前與爭議人說明單獨會談的目的及所需的時間；
- 單獨會談時間不要過長（一般不超過十五至三十分鐘），以免
  影響調解會議的進度及／或另一方爭議人的情緒。若調解員

認為有需要延長單獨會談的時間，必須立刻通知另一方爭議人，並說明需要延長與個別爭議人單獨會談時間的理由，避免產生誤會，影響整個調解進程；

- 調解員應給予爭議人雙方同等單獨會談的時間，以免產生調解員偏幫對方的誤會及質疑調解員的中立性；

- 向爭議人再次強調單獨會談是保密的，在沒有當事人的允許下，調解員不會向對方披露任何機密資料；

- 與個別爭議人進單獨會談前，應給予非參與單獨會談一方一些工作，例如：要求他計算有關索償金額，或聯絡他的律師或專家，以免當事人胡思亂想；

- 調解員在開始單獨會談的時候，應向單獨會談一方要求披露或提供隱含資料（如有）及他們談判的底線；

- 調解員應小心發出要求讓步或其他發展的提示，以免產生誤會，影響調解進程。

當調解員與爭議人進行單獨會談時，調解員應：

- 利用這個機會查詢爭議人對調解過程的感受；
- 解釋在單獨會談內透露的資料是保密的，使對方安心透露機密資料，以協助調解員了解引發衝突的真正原因、妨礙談判的障礙、爭議人的憂慮、需求、期望，以及爭議人的底線；
- 詢問爭議人是否准許向另一方透露機密資料或底線。

單獨會談的形式

在進行單獨會談前，應解釋什麼是單獨會談？其目的是什麼？單獨會談可能要花上數十分鐘的時間（一般是十五至三十分鐘），但這個過程不能避免，且十分重要。因為很多人不可以在未有任何心理準備下或不明瞭的情況下，接受或同意進行單獨會談。因為這樣做，會增加爭議人的壓力，使他們感到焦躁，並會進一步減低爭議人對調解員的信任。調解員應以準確的、不含批判的說話，指出需要進行單獨會談的原因，例如：爭議人的行為或協商已陷入僵局等。調解員應採取恰當的措施，邀請爭議人到預先準備的獨立房間進行單

獨會談，讓他們享用一些預先準備的茶點可供享用，幫助爭議人緩和情緒，並嘗試瞭解困擾他們的問題和憂慮，給予諮詢律師（若有出席）或親友的意見，幫助他們作出明智的決定。

如何進行單獨會議？

調解員與爭議一方進行單獨會議前，應當向雙方當事人解釋什麼是單獨會談？其目的是什麼？所需時間多久？並且必須強調所有在單獨會談內披露的資料均是保密的，在未徵得當事人同意的情況下，調解員是不得向任何人披露。這樣做可以降低當事人的心理壓力，紓緩焦躁的情緒，加強爭議人對調解員的信任，容易促使當事人願意接受或同意進行單獨會談。

在單獨會議的過程中，調解員應以準確的、不含批判的話，解釋需要進行單獨會談的原因，例如：爭議人的行為或協商已陷入僵局等。調解員應邀請爭議人單獨到預先準備的獨立房間進行會談，這個房間應有茶點可供享用，幫助爭議人緩和情緒。

若爭議人有律師代表時：

- 調解員可與爭議人及其律師代表進行單獨會談；
- 調解員可與爭議人的律師代表進行單獨會談；
- 爭議人可與其律師代表進行單獨會談，而不需要調解員在場；
- 爭議人雙方的律師可以在或不在調解員面前進行單獨會談。

與個別爭議人進行單獨會議時，調解員在了解阻礙談判的原因、爭議人的憂慮、需要、需求及底線後，應當：

- 協助雙方爭議人深入討論僵持不下的議題，共同尋找其他可行及可以接受的解決方案；
- 協助雙方爭議人檢討他們的訴求是否不合理及不切實際；
- 協助雙方爭議人檢討他們的訴訟成功機會是否不切實際，尤其是如果調解失敗的時候，將會產生什麼後果；

- 向爭議人查詢，可否把有關解決方案或要求向對方披露，及與對方公開討論。若爭議人允許，調解員便需要與另一方進行單獨會談協商，直至雙方接受有關解決方案。

調解員應如何與爭議人進行單獨會議？

　　一旦調解員決定與一方當事人先召開會議，調解員必須強調單獨會議的保密性，在未徵得當事人的允許，調解員是不得向任何人披露的（使爭議人感到安心，容易說出內心的憂慮和需求）。並應當告訴爭議雙方當事人，調解員將會與他們個別進行單獨會議，時間大約為十五分鐘至三十分鐘，並會給予雙方相若的時間。調解員應當告訴爭議人進行單獨會議的目的（例如：給予爭議雙方當事人一個冷靜思考的機會，好讓調解員了解爭議人堅持某些立場背後的原因、了解爭議人的底線等）。

　　接著，調解員才帶領另一方當事人到另外一個預先安排的房間，告知其有關的設施設備和開會所需的時間，並希望該方當事人可以藉此想想與解決爭議有關的問題。

　　調解員在該單方會議開始時，應該詢問當事人對調解的感覺和對調解結果的期待，以及在之前幾個階段中可能存在的問題。調解員可以就列出的議題，進一步探尋當事人的看法和潛在的利益，以便更好地解決爭議。

　　調解員可以藉著單獨會議的機會，與當事人建立互信關係。調解員可以：

- 詢問當事人：「你覺得調解進度如何？」
- 指出正面的成就，例如：達成部分和解的協議、調解會議上提出有建設性的建議等行為；
- 透過積極聆聽技巧，引導當事人發洩高漲的情緒或提供敏感資料。

　　在單獨會議中，調解員可以扮演關心的局外人，引導當事人思考引發僵局的因素。例如：

- 「請你再次為我澄清你的觀點⋯⋯」
- 「請你幫助我了解你的擔憂⋯⋯」
- 「請問你有沒有解決這個問題的頭緒?」
- 「我們可否尋找一些雙方可以接受的解決方案?」

調解員還可以協助爭議雙方當事人的思考和創意。例如:

- 「如果對方打算放棄兒子的撫養權,你會不會考慮讓兒子在週末與他一起?」
- 「假若我們同意他的建議,你將會⋯⋯?」

調解員更可以協助爭議人測試方案的可行性。例如:

- 「假若你們繼續堅持你們的立場,你們如何解決你們現在的困境?」
- 「假若你們今天不能成功和解,你們所花的訟費將會是多少?你們能不能承擔?」

如有需要,調解員在單獨會議中,可以協助爭議人擴展資訊的資源。例如建議爭議人尋求他聘請的律師、會計師的專業意見。

調解員也可以在取得爭議人的允許後,向對方披露重要的訊息或建議,協助爭議雙方當事人進行穿梭往來磋商,收窄分歧,解決爭議。例如:「我是否可以把你的建議解決方案與對方磋商?」可是,調解員要小心,不要平鋪直敘地把整個建議完整地複述給對方。調解員可把這個方案與對方希望從建議方獲得的需求聯繫一起,與對方進行磋商。例如:「如果我們可以叫申索方同意接受你的建議,你是否願意賠償給申索人?」

調解員在整個單獨會議的過程中,必須繼續保持中立,不主動提出建議,而是以引導方式,讓當事人自己去分析。調解員可以提出一些假設的問題,讓當事人思考,使其意識到自身存在的錯誤認識,好讓當事人感到所有意見和看法都是出於當事人自己,而不是外界強加於他們的。

當與一方單方會議結束後,調解員應當同樣安排該當事人進入另一房間,讓他思想剛剛談過的想法,看看在往後的調解進程中能否

有一些建設性做法。調解員應當給予雙方當事人單方會議相同的時間，避免產生不必要的誤會。

假若調解員能夠在單獨會議中成功促成爭議雙方當事人和解，那麼他就應當帶領爭議雙方當事人返回調解會議，在他們面前重複和解協議內容，並且安排執行細節內容，草擬和解協議。

多次聯席、單獨會談

調解員與爭議人完成單獨會談並達成有關決定後，應再次安排聯席會議，引領雙方繼續共同協商談判。在再次開始聯席會議前，調解員應向爭議人雙方表示謝意，感謝他們的協助，使調解能繼續進行。接著，調解員應當向爭議人雙方詢問是否有新的建議供對方考慮，讓爭議人自行提出這些新的建議給對方重新考慮，打破僵持不下的局面。調解員亦可同時與爭議雙方當事人共同進行評估，評估方案的準則是十分重要的，在討價還價中，其中一方會嘗試阻止對方使用本身的權力，迫使對方改變立場。調解員應立刻制止爭議人使用這個方式進行談判，因為這個方式不但無效率，而且不會產生有力的、可行的和解方案。

調解員應鼓勵爭議人雙方認同量度選擇方案的客觀標準，這些標準可以説是一系列已確認的量度方法，或是一組複雜的科學數據。在整個評估過程中，調解員的工作是繼續帶領爭議人，在談判桌上按雙方認同選擇方案的客觀量度標準，對各種和解方案作出評估。調解員還應該對每項爭議加以規範，尋找出滿足雙方最關注事項的解決方案。

調解員在評估進行中，應查核當事人雙方是否了解怎樣的方案才可以滿足他們的需求，以及有關方案日後將會如何影響他們。調解員須代爭議人發問他們所關注的問題，並防止過程變成敵對狀態。

最後，調解員應運用「現實可行測試」，來審查和解方案的可行性、合法性、執行成本和效益，是否可以落實執行。

制定調解協議

最後，當雙方完成討論所有議題事項並達成有關解決方案後，開始進入制定和解協議階段。很多調解員開始放鬆他們的警覺性，很多嚴重的錯誤卻往往在這個階段產生。最常見的一個錯誤就是調解員和爭議雙方當事人忘記如何落實執行的細節，結果是在調解終止數天或數星期後，爭議雙方當事人會因和解協議內容含糊，導致和解協議無法執行，從而產生更加激烈的衝突，並且需要再次調解。在這情況下進行再次調解，調解員的工作將會變得十分艱巨和困難，因為爭議雙方彼此打下的基礎已經被破壞。因此，調解員應當小心謹慎草擬和解協議書，減低和解協議不能正確落實執行的風險。

一個有效的和解協議應當具備以下的元素：

- 內容清晰，準確（specific）反影當事人雙方的意願；
- 內容充分滿足爭議雙方的要求，沒有遺漏任何沒有解決的爭議事項；
- 有清晰的執行期限、日期；
- 條款內容必須平衡；
- 條款用清晰、容易明白和簡單詞句草擬；
- 主動採取預防未來的糾紛條款；
- 和解協議書以「無損任何一方權益」（without prejudice）的形式草擬，以利當事人的律師審核和解協議書的內容無誤和沒有違法或公序良俗等事項。一旦當事人的律師審核滿意後，才把「無損任何一方權益」等字句刪除，成為一份有法律效力和生效的協議書。

和解協議簽署後，調解員便可以正式宣佈調解結束。調解員可以測試爭議人的和解方案與聆聽爭議人的感受及意見，防止任何使爭議當事人感覺丟臉的情況出現，協助雙方營造正面的和解氣氛。

最後，調解員應當制訂兩份和解協議書，好讓爭議雙方簽署後可各自保留一份。在宣佈調解正式結束後，調解員應當提醒爭議雙方當事人有關調解的保密性，除了和解協議和願意調解協議書外，不得向外披露調解會議的談話內容，並且要求雙方銷毀有關調解過程中的

所有紀錄和文件。最後，調解員可祝賀爭議雙方當事人的努力，終
於解決所有的爭議及達成協議，取得了重大的突破。

評估和解方案的客觀標準

　　評估和解方案的準則是十分重要的，因為評估的準則將會直接影
響和解協議書的可行性、合法性和持久執行性。首先，調解員應引
導當事人考慮所提出的建議的執行成本和所需的時間。若解決問題
是十分迫切，則當事人則可從各種可行方案選擇最快問題的方案，而
金花費成本將不是考慮因素。即是說，以金錢換取時間。若所可供
解決問題的時間十分充份，則當事人則可從各種可行方案選擇最省錢
的方案，而解決問題的速度將不是考慮因素。比如：當事人趕時間
上班，則會乘搭的士而不會考慮巴士等交通工具。反之，則會選乘
坐巴士而放棄考慮乘坐的士。其次，調解員應引導當事人考慮方案
的可執行性。比如：當事人希望爭取可以每天可探視離婚後由妻子
管養的兒女，但是丈夫本人的職業是中港司機，每星期是需要回中國
內地工。因此，調解員可用現實情況與他進行分析，協助他以務實
的態度，現實可行的環境和限制，制訂可持續執行的探視方案。最
後，調解員應引導當事人考慮解決問題方案的合法性因素。因為任
何解題的方案必須符合法律法規的規定，否則和解協議書將不獲法庭
的認可和支持。

　　因此，在協助當事人討價還價中，調解員可引導他們以這些客觀
準則評估及探討和解方案，讓當事人共同制訂高效、廉宜、合法及可
行的和解協議。

和解失敗或終止

　　若雙方經過調解員調解後，最終未能解決所有糾紛事項或議題，
達成調解協議，調解員應：

- 就已達成和解的事項草擬協議書，並要求雙方簽署，減少日
  後的爭議事項；
- 暫停或終止調解，安排日後另行調解。

　　若爭議雙方當事人的分歧太大，未能達成任何和解協議，調解員也應當同樣提醒雙方當事人的保密性義務，同時對雙方當事人參與調解表示感謝。

調解員自我分析檢討

　　在宣佈調解完滿結束或失敗後，調解員應當進行自我分析和檢討，檢視自己在處理調解案件的過程中，是否有需要改善的地方。除此以外，調解員還須不斷參加調解培訓課程和講座，把握調解的最新動態，更新及增進自己的調解知識和技巧。

　　應當如何評價一個調解的好與壞呢？調解員可以思考以下各點：

- 爭議雙方當事人是否擁有足夠的授權？
- 在調解籌備會議上所收集和評估的資料是否準確？
- 雙方的談判條件、力量及資源是否平等？
- 是否充分平衡爭議雙方的合理利益？
- 調解過程是否能夠在預期之內完成？
- 是否充分及妥善處理爭議雙方的潛藏利益？
- 爭議雙方的關係是否被修復？
- 草擬的和解協議是否落實執行？
- 草擬的和解協議能否作為將來的借鑒？
- 草擬的和解協議是否有助於促進雙方之間的關係？
- 草擬的和解協議是否有改善和進步的空間？

第十章

構思解決問題的技巧

構思解決問題的方法

人們互相競爭有限的資源時，一般會採用單向談判方法，例如婚姻財產分割的大小、汽車的售價、租約的期限或是銷售佣金的多少。這種單向談判有時會產生非此即彼的選擇狀況，即是對你十分有利時，就會對另一方十分不利。例如：在分割婚姻財產中，房子將要歸誰？爭議雙方只可在贏或輸之間作出選擇，爭議一方取得業權，另一方即失掉業權。

那麼，我們能否打破這些困局，協助爭議雙方爭取雙贏的局面呢？假若我們能夠先擴大有限資源，然後才進行分配，那麼便可提高爭議雙方達成和解的機會，這是最好的方法。那麼為什麼爭議人不懂得這樣做呢？因為人與人之間發生爭議時，一般都會相信自己較對方佔優勢，或是自己所提出的方案很合理，應當被採納，一切答案似乎都沿著雙方立場所排成的一條直線上移動，一切解決問題的方法，都是以平均分割雙方的歧異方式進行。就像第三章所述那對爭奪橘子的兄妹一樣，當雙方同意切開橘子各分一半後，哥哥拿走他那一半，把果肉吃進肚，然後把橘皮丟掉；妹妹卻把果肉丟掉，然後用橘皮烤焗蛋糕。兩人為什麼未能達成對雙方都有利的協議，即是哥哥拿全部果肉，妹妹拿全部橘皮？因為很多爭議人在談判中都犯了「零和」的錯誤，這個錯誤將會阻止他們創造大量選擇方案的思維。這些爭議人常犯的錯誤是：(1) 慣性批判意識阻礙構思方案；(2) 尋求單一答案的思維；(3) 缺乏擴大有限資源的能力；(4) 缺乏互相合作解

決問題的決心。因此，調解員必須協助爭議人克服這些障礙，才可營造雙贏的局面。

慣性批判意識阻礙構思方案

我們思考如何解決問題時，一般都會慣性地抱著懷疑的態度來判斷解決問題方案的可行性，並且以個人的經驗或傳統的價值觀來評估這些方案是否正確。可是，這種方法會對創造力構成極大的傷害，這種「判斷」會阻礙「構思」的運作，尤其是處於壓力之下時，這種「批判意識」會變得更強烈，甚至會阻礙產生富新穎性的創意，創造力火苗很容易被熄滅。

尋求單一答案的思維

一般人在尋求解決問題的方案時，只會思考如何把雙方立場或分歧的差距拉近，而不會考慮如何增加各種可能的選擇方案，只有在萬不得已的情況下，他們才會嘗試引進其他不同的構想，因為人們都害怕漫無邊際的討論會花費時間和使人感到困惑。因此，調解員必須帶領爭議人脫離這些思考模式，運用「腦力震盪」調解技巧，鼓勵爭議雙方有系統地嘗試引進許多不同的構想和解決問題的方案。

缺乏擴大有限資源的能力

很多人在爭取利益時，往往只希望從對方的手中獲取最大利益，並且在奪取有限資源的競爭過程中，變成為一種「固定金額」的賽局，一種「贏或輸」的零和遊戲，不會考慮其他可行的方案。因此，爭奪利益的人必然是對立的，不會考慮有其他兩全其美的方案。就如橘子的例子，若哥哥取得整個橘子，則妹妹烤焗橘子蛋糕必然無法進行。可是若母親能運用創意，找出兄妹二人真正的需求，把有限資源擴大，則可讓兄妹各取所需，物盡其用，兩全其美。

缺乏互相合作解決問題的決心

　　一般人在尋求解決問題的方案時，只會關注自己眼前的利益而不理會對方的需要及需求。眼光短淺的「自我」會使一方只顧發展有利自己「利益」的立場、協議和解決方法。可是這種一廂情願的想法，無助於解決問題，因為一方的行為將會引發對方的激動情緒反應和行為，令大家無法理性地思考能夠滿足雙方利益的解決方法。為了達成符合自身利益的協議，任何一方均須發展能夠符合對方利益的解決方案，否則只會互相攻擊，各持己見，使談判陷入僵局，調解無法進行。因此，調解員必須協助爭議雙方放下眼光短淺的「自我」，共同合作，一起發展符合彼此利益的解決方案。

突破困局的方法

　　為了突破零和遊戲的局面，調解員必須營造可以刺激爭議人思考力的環境，突破爭議人常犯的錯誤，一起發展符合彼此利益的解決方案。

　　調解員必須協助爭議人：

1. 把「構思行為」與「判斷行為」分開；
2. 擴大選擇方案，而不是只尋求一種解決方法；
3. 尋求雙贏的解決方案；
4. 尋求彼此容易做出決定的方式。

從母親處理橘子的方法中看到，母親在作出解決爭議方案前，不先作任何判斷，而是先行了解兒女的真正需要，然後才構思滿足兒子及女兒各自需要的方案。當母親了解兒女的真正需要後，才作出把所有橘子的果肉給予兒子解渴和把所有的橘皮給予女兒烤焗蛋糕的決定。這個決定不單是一個擴大解決爭議的選擇和增加可供解決爭議資源的方案，還是一個容易執行及公平的雙贏方案。

　　調解員可以運用「把憂心化為爭論點技巧」和「腦力震盪」調解技巧來突破零和困境的限制，營造刺激爭議人思考力的環境，共同發展符合彼此利益的解決方案。

第十一章

把憂心化為爭論點技巧

　　一般爭議人只懂得按自己的立場向對方表達他們對問題的觀點及訴求。即是說，爭議人只會以滿足個人利益或需求為出發點，而不懂得從解決問題方案為出發點進行協商談判。因此，爭議雙方只會不斷向對方施加壓力，使用各種手段來打擊或威嚇對方，迫使對方妥協讓步，從而取得最大利益和最後勝利，成為大贏家。可是，從立場出發的談判形式，只會迫使對方的立場更加堅定，使協商談判陷入困境。因此，調解員的其中一個重要技巧就是要引導談判遠離立場，帶領爭議人朝著滿足他們利益的方向進行談判。

如何把憂心化為爭論點？

　　調解員可嘗試邀請爭議當事人談論他們的憂慮，從而引導他們說出自己的需求、利益及立場。調解員可以把這些憂慮記錄下來，再把憂慮事項轉化為討論事項，變為雙方要面對的問題。在這個過程中，調解員可以嘗試把這些談判焦點替代個人自我的觀點或立場，以客觀的問題作為雙方談判焦點。例如：離婚一方要求取得婚生子女的照顧、管束、管養權，調解員可以不用理會這些要求，反而引導爭議人把目光放在其他更高層次的事項上，例如：如何在離婚後繼續做好父母的天職，提供子女成長所需，使他們從個人爭取照顧、管束、管養權立場改變為如何妥善照顧子女的責任。這樣做的目的是把爭議人爭取權利的立場，改變為討論照顧子女的責任，讓爭議人冷靜地討論如何在離婚後繼續妥善照顧子女，因為一般人只會爭取權利而不是義務。因此，若調解員能善用這個重要技巧，就可以引導爭議人放棄立場，朝著滿足他們所需要的方向進行協商。

第十二章

「腦力震盪」調解技巧

　　由於「判斷」批判性行為會阻礙「創造」能力的發揮，所以調解員必須教導爭議雙方把慣性批判的行為與創造性分開，並把創作的過程與篩選的過程分開進行。調解員可與爭議雙方進行「腦力震盪」會議，刺激他們的想像力、創作力，盡量收集各種解決問題的創意，這種會可議以有效地分開「創造」與「篩選」。

　　「腦力震盪」是調解員在調解中經常應用的一個技巧，也是盡量收集各種解決問題的創意的一種練習。它的遊戲規則是鼓勵參與人運用想像力進行構思創意，但不必顧忌自己的構思是否愚蠢，所有的構思創意可以是天馬行空，毫無顧忌，無論是好或是壞，是實際的或是不切實際的，均不會被批評和評估，而是會被鼓勵及記錄下來。它的主要優點是激發參與人無窮無盡的創意；它的主要功能是提供一個不用害怕別人批判的思考環境，幫助爭議人減低憂慮，締造多種和解方案而無須顧慮別人的看法。

　　腦力震盪沒有特定的方式或特定規範，參與者可以按照自己的需要和條件進行，調解員會鼓勵及記錄任何被視為瘋狂的想法。參與者可以單獨與調解員進行腦力震盪，因此，不用擔心「洩露天機」，被對方知到自己的弱點。爭議雙方亦可共同進行腦力震盪，只要爭議雙方同意便可。

　　在「腦力震盪」中，調解員擔任過程經理人及推動人，鼓勵及引導參與爭議人進行創意構思，引領討論方向，維持基本規則，確保每一個人都有說話的機會，以及藉著提問來刺激和構思創意。最後，調解員與爭議當事人一起分析不同的解決問題方案，按著他們的期

望、可行性及所涉費用，來作出不同的選擇。參與腦力振盪的人數不限，只要調解員能夠控制其運作便可。

腦力震盪會議的安排[1]

在策劃腦力震盪會議前，調解員必須：

1. 與爭議人釐定他們的目的：調解員必須先與爭議人釐訂解決爭議的目標，查詢他們期望從這個會議中得到什麼；

2. 決定參與人選及人數：一般來說，腦力震盪會議的人數沒有特別規定，只要參與人數足以提供刺激性的交流及可以維持會議的秩序便可；

3. 安排寧靜舒適的環境：舉行「腦力震盪」會議的地點，應當寧靜舒適，使參與人能放開心懷投入創作，不受其他環境因素影響；

4. 營造一種隨意輕鬆的氣氛：很多人在壓力中很難發揮創意，所以調解員應當安排茶點供參與者享用，讓他們彼此無拘束地邊喝邊談，打開領帶，脫掉西裝，讓大家一起放鬆，投入創作。

5. 選擇推動人：舉行「腦力震盪」會議，必須要有人管理及推動（調解員一般擔任會議管理人）來維持基本規則，防止會議脫軌，確保每一個人都有發言的機會，藉著發問去互相刺激討論。

調解員可安排「腦力震盪」會議參與人並肩而坐，使參加者產生一種同心協力的心理，發揮團隊精神，共同面對眼前的問題。若人數眾多，調解員可安排參與人坐成半圓形，並且面對著黑板或白板一起討論。調解員切記不要安排參與人以對坐的方式進行會議，因面對面對坐的方式會使參與爭議人產生對立的「競爭心理」而引至爭辯，破壞創意氣氛。

---

1. 羅傑·費雪、威廉·尤瑞合著，黃宏義譯，《哈佛談判術》（台北：長河出版社，1983），頁 81。

在腦力震盪進行前，調解員應當介紹有關會議規則，即不容許任何負面性批評，令參與者不必顧忌自己的創意是否愚蠢或不切實際，任何被視為瘋狂的想法都會被調解員鼓勵及記錄下來，以利產生團隊精神，發揮解決問題的「創新」構思。

為什麼團隊精神可以發揮解決問題的「創新」構思呢？因為每個人的創新能力都會建基於自身的文化背景、工作經驗、經歷和知識領域，同時亦受其規限，往往害怕創新意念不被認同或被批評，因而不敢隨便發言。可是，若他們得到鼓勵，即使完全沒有實現可能的創意也被接納和鼓勵，他們便可從心理規限中得到釋放而變得創意無限，一些從未被人想過的解決方法亦因此可能被創造出來。為了進一步鼓勵創意活動，調解員可以規定禁止把任何創意與任何參與者扯在一起，使參與者可更安心地參與創作，從各種可能的角度去探討問題，生產一大堆新穎的創意。

新穎創意產生時，調解員可以把這些創意記錄在黑板上，或是寫在大頁紙上，使大家獲得集體成功感。調解員必須加強「不做批評」的規則，協助激發參與人的創意。

參與爭議人完成腦力震盪並取得一大堆新穎的解決方法後，調解員便要篩掉那些違法、不設實際、最昂貴、最困難落實執行的解決問題方案。最後，調解員列出一份經過選擇和修正的創意清單，然後與參與爭議人協商談判，選擇雙方均可接受的和解方案。

第十三章

調解會議的安排

調解場所的選擇

調解可以在任何場地進行，只要是寧靜及隱蔽的地方，外人不能聽取調解的談話內容便可。例如：爭議人選擇的場地（公司會議室）、調解員的辦公室、酒店會議室等。這些場地各有優點及缺點。

爭議人的場地

調解地點設在爭議一方選擇的場地，有下列優點：

1. 爭議一方可以阻止對方在談判協商未成功之前離開；
2. 可以自由使用自己的地方，而且容易獲得其他支援，例如：文件、證據；
3. 答辯人來到原訴人的地方，原訴人佔有「地利」的心理優勢，可向對方施加無形的壓力；
4. 可以節省時間和金錢。

但也有下列缺點：

1. 爭議一方可能受到其他人（如：父母、上司或下屬）不必要的干擾，不可以專注於協商談判的事項；
2. 對方可以藉故拒絕提供資料，例如：藉口說忘記攜帶某些文件；

3. 對方可以繞過爭議人，越級與他的上司協商談判，使爭議人失卻談判的控制權；

4. 爭議人須負責安排場所。

調解員選擇在一個中立的地方進行調解，例如：調解員的辦公室、酒店會議室，會有下列優點：

1. 調解員可以阻止爭議雙方在談判協商未成功之前離開；

2. 調解員可以自由使用自己的地方，而且容易獲得其他支援，例如：調解員聘請的保安人員阻止爭議人使用暴力；

3. 爭議雙方沒佔任何「地利」的心理優勢，平衡談判的勢力；

4. 爭議雙方不受其他人干擾，可以專注於協商談判的事項；

5. 爭議雙方不可以繞過對方，越級與其上司協商談判，使爭議人不會失卻談判的控制權；

6. 爭議人無須負責安排場所。

但也有下列缺點：

1. 花費時間（尋覓適合的地方）或金錢（開會房間租金）；

2. 爭議人不可以自由使用自己的地方，無法佔有「地利」的心理優勢向對方施加無形壓力。

由此看來，由調解員選擇中立的場地進行調解較易為爭議人接受，亦最為可取。

會議前準備

在談判開始前，調解員應當選定舒適及中立的場地，安排充裕的調解時間，並且要完全避免外人的干擾，同時注意會議房間的大小、燈光、顏色、座位等安排，以免影響調解的進度。

調解員還需要提供必備的聯絡工具，如電話、傳真機，讓爭議雙方可以聯繫他們的律師、上司等。調解會議的房間必須足以容納各種設備，還要有適當的空氣調節。會議室椅子的軟硬要適中，太舒適的椅子容易使人打瞌睡，不舒適的容易使人想離開。在調解會議

中最好禁止吸煙，以免影響當事人的專注力。最重要的是，調解員必須在會議室旁邊準備一小房間作為單獨會談用途。

爭議人進入及離開調解場地的安排

在調解會議開始前，調解員必須計劃爭議人來臨、等待及離開調解會議室的細節安排。調解員應該準時到達會場迎接爭議人，並由自己或其他職員帶到等候室，避免在另一方未到達前與任何一方接觸太久。調解員可帶領他們到不同的房間等候，尤其是任何一方曾有暴力破壞紀錄。

有些時候，調解員需要安排爭議人暫時離開調解會議室，尤其是在調解過程中敵對情緒十分高漲時。最好的安排就是讓受害人一方或受到威脅一方首先離開調解會議室，直至過了一段時間，才可讓另一方離開，以免發生意外。

座位的安排

調解會議室的座位安排十分重要，若安排爭議人雙方在一張長方形檯面對面坐，會產生競爭甚至敵對氣氛。調解員也可安排爭議人雙方坐在一張圓檯，產生沒有明顯分隔的效果，減輕競爭氣氛，沖淡分歧氣氛，讓爭議人更加容易合作。

調解員可以因應情況安排爭議人的座位位置，可參照圖13.1（見頁114）：

學者 Joseph Stulberg[1] 曾建議：

> 調解員應給予爭議人雙方同等空間或距離，分隔開爭議人，而他自己則坐在雙方爭議人的中間。這種傳統座位安排，適合用於分隔兩組競爭利益者。調解員與爭議人兩者之間往來對答，營造互相合作的氣氛。

1. Joseph B. Stulberg, *Taking Charge/Managing Conflict* (Lexington, MA: Lexington Books, 1987), 61–63.

圖 13.1：調解會議座位安排

傳統調解會議座位安排

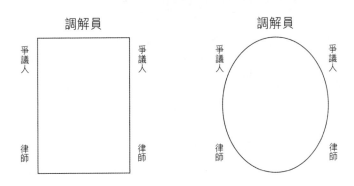

多人調解會議座位安排

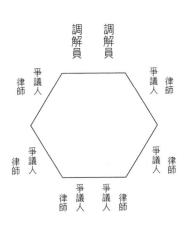

社區調解會議座位安排

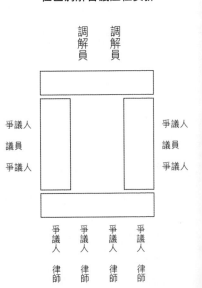

　　調解員應坐在爭議人的中間及坐近會議室門口，這個位置象徵調解員的領導性及權威性。這種做法亦可以容許調解員攔截不想繼續談判而要離去的一方，給予他挽留爭議人的機會。

　　至於桌子和椅子的選擇，調解員須按照有關風俗背景及糾紛來決定。長方形桌子適合官方式坐法，尤其是在傳統的會議室內。圓形或橢圓形桌子亦可以適合用於商業糾紛調解。社區調解則採用較為非正式的安排，可以用三角形、圓形或長方形等方式。一般來說，各人坐的椅子相同，與對方距離相若。

第十四章

調解溝通技巧

何謂溝通?

溝通一詞源於拉丁文「communis」,其原意為共同(to make common)、分享(to share)的意思。根據學者李元墩[1]的「溝通」定義:「所謂溝通(Communication)就是將訊息以及其涵義,經由各種方法或媒體,傳達給他人的程序。訊息包括消息、事實、思想、意志、觀念、態度等,而傳達的方式則有文字、語言、動作、表情或其他媒體。」

因此,溝通是一種人與人之間,以言語或身體語言方式,向對方傳遞情感、態度、事實、理念、需要、需求和思想的過程。一個良好的溝通,必須是雙向表達的過程。溝通雙方必須專心聆聽,用心去了解和感受對方正在說什麼、想什麼和有什麼的感受(包括對方的情緒),並且把自己的想法和感受,運用適當的言語及行動來回饋給對方的意思,促使對方接受和認同你所發出的訊息而達成共識。

溝通有何功能?

人是群體生物,必須與其他人一起生活及工作,而溝通卻是要避免紛爭和衝突。溝通可以發揮以下功能:

---

1. 李元墩,長榮大學院長講詞:〈有效的溝通技巧〉。《研習論壇》2004年9月第45期,頁13–25。

- **增進人際關係**。透過正式與非正式溝通，彼此之間可以建立良好的關係和增進了解，澄清溝通上的誤會和化解衝突；
- **獲得他人的認同**。人與人的互動與溝通，可以促進和建立同理心，容易獲得他人的認同，加強自我的肯定。
- **達成人際目標**。人際溝通不只能得到相互的認同，更會產生共同的行動而完成共同的目標。
- **滿足人際的需求**。人是群體性動物，需要和他人相處，藉著人際溝通和合作，可以表達自己的需要，包括生理需要、安全需要、社交需要、尊重需要和自我實現需要等，同時也可以得悉他人的需要，從而促進彼此之間的合作意願；
- **促進資訊的交換**。人與人進行溝通，可以直接地從對方獲取某些重要資訊，以利自己可以作出正確的決策，人際溝通是不可缺少的唯一途徑。
- **滿足自我肯定的需求**。藉著與他人溝通所獲得的資訊，有助自我反省和探索自我，加強肯定自我的信心。
- **提升心理健康與幸福感**。良好的人際溝通可以增進友誼和情感，有助提升心理健康和增加幸福的感受；
- **促進和改善彼此之間的人際關係**。人際溝通，可以增加互相的了解，促進友誼的發展和維持與他人的關係。
- **影響他人的決定和行為**。良好的溝通，可以把重要的資訊清楚地和準確地傳遞給資訊接收者，好讓他們詳細考慮並作出正確的決定。因此，良好的溝通是可以影響他人的決定和行為；
- **化解人際衝突**。人際溝通，可以幫助爭議人澄清事實和解除誤會，預防及解除自己與他人的衝突。
- **建構人際合作**。很多巨大的工程項目是由不同的專業團隊人員所建立，而團隊合作是需大量溝通工作來完成，有效的溝通是不可缺少的；
- **蒐集各種不同的意見**。藉著與當事人溝通，調解員可以從談話中蒐集各種不同的意見，以利他制定恰當的調解策略，解決他們的衝突。

人與人溝通的原則

人與人進行溝通時，應當遵守以下各種的原則：

- **彼此尊重。**與他人進行溝通的時候，必須持有尊重他人的態度，否則在溝通的過程中容易引發衝突，中斷彼此的溝通；
- **注意肢體語言。**同一句説話，以不同的語調發出，或夾雜不同的面部表情或身體語言，是會有不同的意義，尤其是那些口是心非的溝通態度。因此，人與人溝通的過程，肢體動作扮演著重要的角色，否則溝通的質素將會受到負面的影響；
- **選擇適當時機。**不同的情境會直接影響溝通的影響力，在恰當的時機説出恰當的説話，可以提升溝通的效果；
- **做好情緒管理。**情緒直接影響訊息的接收和理解。一旦溝通牽涉到不同利益而引發情緒的波動和偏見時，當事人會選擇性接收和曲解有關的訊息，不利於溝通對話，容易引發衝突。因此，與他人進行溝通時，應多做良好的情緒管理；
- **察言觀色。**身體語言所表達的意義或訊息，直接影響人與人之間的溝通。因此，在與他人進行溝通時，應多體察對方的臉色、表情、情緒與態度，再針對對方的言行，做出合適的回應，盡早與他們建立「同理心」的認同基礎，有助大大提升溝通的成功機會；
- **積極聆聽。**在人與人溝通的過程中，訊息接收者應盡可能專注聽取對方的意見，嘗試了解對方所持的理念和需求，盡早與對方建立良好和融洽的關係，構建良好的溝通管道，彼此方可了解，共同尋找雙方可以接受的方案，解決有關的爭議和衝突。

人與人溝通的特性

人與人溝通有以下的特性：

- **具針對性。**溝通的主要功能是傳遞訊息，把自己的意欲傳達給他人，期望對方可以作出適當的回應和取得自己所期待的

目的。因此，人與人的溝通就是在一段時間內進行有針對性的行為的一系列過程；

- **有意義的內涵**。溝通的主要目的是傳遞有意義的訊息，包括溝通行為的內容、意圖，以及其內容的重要性；
- **內容的多樣性**。人與人溝通，除了溝通的內容外，還會涉及不同的情境、溝通媒介、雙方的心理狀態等其他元素。因此，溝通是一個多樣性的過程；
- **持續性**。溝通者的性別、年齡、種族、教育水平的差異，往往會對訊息內容持有不同的理解。因此，當事人必須不斷地、持續地進行溝通、接觸、解說和互動，促進彼此的理解；
- **增添互動**。任何溝通均是互動的，隨著溝通的進程，溝通者的反應會持續變化，面部表情和身體語言亦會不斷變更，而這些變更代表著訊息的交流，彼此之間的關係正在建立中；
- **改善關係**。溝通有助澄清誤會，把不明的事情辯明，增加彼此之間的互信，建構彼此之間的合作意願和合作模式；
- **維繫彼此的關係**。由於溝通涉及訊息的分享，所以溝通者必須建立彼此之間的互信關係，只有透過不斷溝通去維繫彼此的關係，訊息才可以有效地進行互換和互動；
- **提升學習**。人的語言和社交發展能力，並非與生俱來，而是要透過不斷地與他人進行溝通，學習及改善這些適合自己發展的社交和溝通技巧。

溝通的過程

人際溝通主要包含了四個要素：

- 溝通的情境
- 參與者（訊息傳送者—訊息接收者）
- 訊息和管道
- 各種干擾溝通進行的噪音

溝通是一個流程，由訊息傳送者把含有意思的訊息，以合適的方式，將有關要傳遞的訊息進行編碼，改變為有意義的符號（例如：

言語、聲音、動作及表情) 後，然後再透過不同的溝通傳播管道，傳送給接受訊息的人。一旦接受訊息的人接收有關有意義的符號後，便會再次進行編碼解讀，才回饋給訊息傳送者。這樣來往的訊息互動，形成了彼此雙方的溝通，也建立起雙方的關係。

在人與人溝通的流程中，編碼和譯碼明顯地扮演著十分重要的角色。如何準確地把要傳遞的相關訊息編碼和解碼，以及如何提升接收訊息的能力，會是調解員必須面對及掌握的課題，否則他是無法幫助爭議雙方當事人進行有效的溝通。因為爭議雙方當事人若不能有效地使用語言溝通，調解員是無法幫助他們解決有關問題和達成和解的目標。

圖 14.1：溝通基本過程

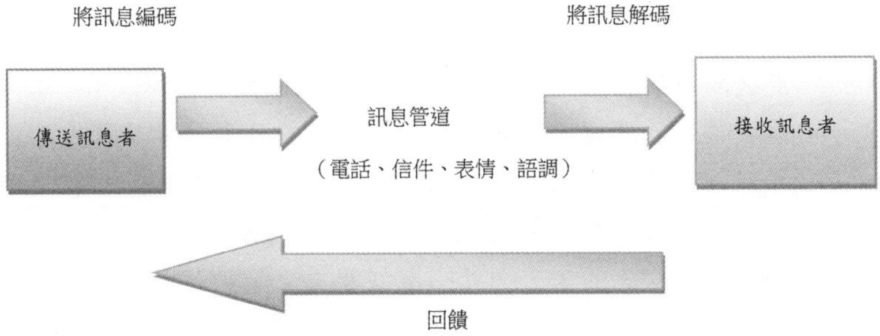

良好溝通的要素

成為一個出類拔萃的調解員，必須了解和掌握良好溝通的要素和溝通障礙的構成原因，協助當事人修復備受破壞的溝通管道。一個良好的溝通，應當包括以下要素：

1. **雙向的溝通**。任何的溝通應當是雙向和互動的，否則溝通便會變得無意義和無法進行。
2. **專心聆聽**。由於溝通涉及接收傳遞的訊息，而這些訊息可能涉及語言和非語言的訊息，所以訊息接收者必須專心聆聽和觀察，方可準確地完整吸收。此外，專心聆聽還可以讓對方

感覺到自己是備受尊重和接納，容易建立互信和促進彼此之間的關係；

3. **虛心發問**。溝通很多時會涉及不同的言語、專業詞彙等範疇，訊息接收者自身的教育水平對訊息的內容可能有誤，虛心發問便可澄清有關疑問；

4. **友善的態度**。很多時溝通是在陌生環境下與陌生的人進行的，微笑可以打破彼此之間的隔膜，促進訊息交流和建立關係；

5. **訊息要簡潔、適時重複**。簡潔的訊息可以減低混淆，容易被接收者理解。適時的重複，也可以加強專注聆聽的印象和尊重對方的訊息。

6. **樂於稱讚對方**。讚美的言語可以使人愉悅，促使他人樂於與你親近，容易建立同理心和信任，使溝通更能通暢和順利。

人與人溝通的障礙

很多衝突是由爭議當事人雙方缺乏良好的溝通引發的。這些不良溝通管道經常會阻礙調解員的工作。溝通不清晰或爭議人的情緒太高漲，往往會難於接收或發放正確訊息、數據或資料，導致爭議當事人產生誤解，作出錯誤的行為而破壞彼此的關係及引發爭議，加劇怨恨衝突，導致談判陷入僵局。缺乏良好的溝通管道，爭議人不能準確地、清晰地把相關正確數據資料傳達給對方或接收正確的訊息，無助澄清雙方的誤解，改善彼此的關係。

構成溝通障礙的原因很多，主要為：(1) 發送訊息者的個人因素、(2) 訊息接受者的障礙和 (3) 資訊傳播管道的因素。

訊息發送者的個人因素

人與人之間的溝通，發送訊息者的溝通能力，往往會受到以下的個人因素直接影響，令訊息無法完整傳遞：

- **自負心理**。假若發送訊息者在溝通時表現目中無人，只關心個人的需要，強調自己的感受，全然不考慮別人的情緒和態

度，這樣做只會刺激對方的情緒，破壞彼此之間的互信，令雙方關係疏遠，使溝通無法繼續進行；

- **忌妒心理**。很多人際關係因忌妒而受到破壞。忌妒是一種消極心態，一種忌恨心理，當事人以各種造謠、中傷、刁難等手段貶低他人，以滿足自己的自卑心態。這些手段直接破壞彼此之間的關係和溝通意願；

- **偏見心理**。偏見往往會左右人們的判斷和行為，容易以仇視的目光對待他人，不利與他人建立關係，使溝通無法繼續進行；

- **情緒激烈狀態**。個人的情緒會直接影響人際間的溝通能力，尤其是當發送訊息者處於強烈的情緒狀態，卻沒有自我覺察時，容易被自己的情緒所蒙蔽，而產生語言極端化的現象，破壞彼此之間的人際關係和與他人溝通的管道；

- **畏懼心理**。發送訊息者對發送對象的畏懼感以及個人心理質素也會影響溝通能力。例如：老闆與員工之間的溝通，往往會因下屬的恐懼心理和個人心理質素而造成溝通障礙，尤其是老闆過分威嚴，都很容易構成員工對老闆產生恐懼心理，直接影響訊息溝通的正常進行。

- **錯誤語義**。溝通涉及使用語言、文字、圖像、肢體動作等，來表達一定的含義。一旦選擇錯誤，就會出現語義障礙，尤其是某些專業術語含有多種意義，都很容易引起溝通障礙。

- **缺乏信任**。很多時候，訊息傳遞的過程中，由於害怕把一些壞消息報告給訊息接收者（例如：老闆），訊息發放者便會隱瞞或過濾這些壞消息，造成溝通障礙。

除了以上的個人因素外，訊息發送者的溝通態度也會直接影響人與人之間的溝通。心理學家托馬斯・戈登（Thomas Gordon）[2] 指出一些不良的溝通態度和習慣，也是十分容易破壞彼此的關係和構成溝通的障礙，下列是一些不良的溝通態度和習慣：

---

2. https://www.tlsh.ylc.edu.tw/~guidance/gifted/pr/badcommunication.htm

i. **批評的態度。**任何人持著批評的態度與人溝通，只會傷害別人的自尊心，對方自然不會願意再溝通說話。

ii. **武斷的態度。**很多人在事情還未清楚的時候，便自以為是地下判斷，並且拒絕別人的解釋，這樣的態度，只會為自己與他人的溝通管道之間建立一道牆，構成溝通的障礙。我們應當別急著下判斷，容許自己先聽聽對方怎麼說吧！

iii. **命令的態度。**除了軍隊等紀律部隊人員接受上級的命令外，一般人是不會願意接受他人的指揮。因為命令是完全不顧他人的想法與感受，是單向的溝通，是沒法與對方建立任何合作友好的關係。溝通是需要說出自己的意思，也是需要用「心」聆聽對方的話語。

iv. **說教的態度。**很多人不接受別人說教的態度，尤其是青少年。因此，調解員切勿以說教的態度與年青當事人溝通。

v. **脅迫的態度。**在與人談判時，因為自身的談判籌碼不足以動搖對方，往往會向對方說出一些威嚇的話語，希望能夠促使對方屈服。這些說話或許可幫助達成目的，但同時亦會破壞雙方的關係，造成溝通障礙。

訊息接受者的障礙

同樣，訊息接受者往往會受到以下個人的因素直接影響，令訊息無法完整接收：

i. **不良情緒或心理障礙。**很多人因精神困擾而無法專心聆聽對方所發出的訊息，內心充滿著煩躁的雜念，因而造成溝通障礙。尤其是那些正在辦理離婚的當事人往往因情緒的困擾而無法進行調解，調解員應當小心觀察處理。

ii. **訊息的理解力不夠。**接收資訊的內容含有一些專業名詞，訊息接收者的教育水平未必能理解，無法作出有效和準確的回饋，容易造成誤會和溝通障礙。

iii. **偏見與曲解。**當事人的經歷、宗教、種族、文化均會產生不同的價值觀，這些差異構成不同的喜惡和偏見，直接影響訊

息的接收和回饋，容易發生曲解，造成誤會和溝通障礙。調解員在調解過程中應當小心觀察和處理，以免破壞當事人彼此之間的溝通。

iv. **拒絕傾聽**。訊息接收者處於憤怒處境或其他情緒因素，而拒絕傾聽別人的意見或訊息，直接造成溝通障礙。

溝通的障礙

不當使用溝通方法或管道，會直接影響溝通的效果。造成溝通障礙的原因，主要有以下幾個方面：

i. **不當使用溝通媒介**。很多技術資料需要詳細的記載，以文書或圖片傳遞，較口頭傳達效果更佳，一幅圖片勝於千言萬語。因此，使用不當的媒介進行溝通，也會構成障礙。

ii. **溝通管道過長**。假若訊息傳遞過程過長，中間涉及的環節太多，訊息容易在傳遞過程中失真，導致誤解或不能理解所傳遞的訊息，容易造成溝通障礙。

iii. **外部干擾**。訊息溝通過程中，經常會因為自然界各種物理噪音干擾、訊息傳遞儀器能力不足或訊息距離太遠，影響溝通效果而造成障礙。

因此，人與人之間的溝通，往往會受到當事人的文化背景、種族背景、性別、個性、教育水平、情景、環境及情緒狀態等因素影響。這些個人及環境因素會影響當事人的感受、行為及判斷能力，引發不同程度的衝突糾紛。策劃調解時，調解員必須運用不同的溝通技巧或技術，來協助當事人改善爭議人的溝通，或重建當事人之間的溝通管道，才可以從個別爭議當事人所披露的資料中弄清楚事情的真相，及找出引發衝突的原因，以利解決他們的衝突糾紛。

引發不良溝通的例子

鑑於當事人的文化背景、種族背景、性別、個性、教育水平及情緒狀態或個人偏見等因素，往往會產生不同的見解及行為，甚至引發

衝突。例如：已分居／離婚的爭議人探視他們的婚生子女時，因他們的偏見，會對他們兒女的行為產生不同的溝通誤解：

例子一

子女害怕擁有婚生子女探視權的父／母親的探訪，或不想與他／她一起共度週末。

表14.1：對子女害怕父／母親探視的行為所產生的偏見

當事人	認為產生問題的原因
擁有婚生子女撫養權的父／母親	害怕或惱怒擁有子女探視權的父／母親（因為曾遭遺棄）
擁有婚生子女探視權的父／母親	子女遭擁有撫養權的父／母親灌輸不良意識，使子女敵視探視的父／母親；或子女害怕激怒擁有撫養權的父／母親而不想與他／她共度週末。

例子二

子女希望與擁有婚生子女探視權的父／母親一起共度週末

表14.2：對子女渴望父／母親探視的行為所產生的偏見

當事人	認為產生問題的原因
擁有子女撫養權的父／母親	擁有子女探視權的父／母親利用物質賄賂子女，誘使子女聽從他／她的話語。
擁有子女探視權的父／母親	婚生子女真的愛護擁有婚生子女探視權的父／母親，並期望離開擁有撫養權的父／母親，與擁有子女探視權的父／母親同住。

從以上例子，我們可以看見離異夫婦因不同的立場，會從不同的角度來看待與子女共度週末的安排，若處理不當，會很容易引發衝突，使兒女成為訴訟爭奪戰的標的物，即訴訟的磨心。

所以調解員應當注意及理解爭議當事人的背景和隱含的需要及需求，運用溝通及談判技巧，來改變爭議當事人從自身思考問題的

立場，接受以互利互惠的合作思考方式解決問題。例如：從討論「如何爭取兒女對自己的愛心」，轉變為討論「如何一起做好父母親的天職，給予子女們在成長過程中所需要的父母親的愛護和關懷」，鼓勵爭議當事人一起積極參與及共同分擔子女的教育及生活開支。

例子三

　　在離異分居發展的過程中，丈夫與太太正處於不同的情緒階段（附件三），他們的處事態度會有不同程度的差異，因此引發不同的反應及衝突。例如：在決定離異分居前，太太對丈夫待人處事的態度感到失望或氣憤，常常對丈夫發出怨言；而丈夫可能受文化背景的影響，未能接收這些不滿情緒背後的訊息，沒有正視婚姻上的問題或尋求婚姻輔導，甚至認為自己是個好丈夫，每月會按時給妻子足夠的家用開支，算是盡了丈夫的責任。丈夫認為妻子無理取鬧，可以不用理會，沒有嘗試去了解妻子向他發出怨言的真正原因，妻子則漸漸感到無法繼續與丈夫溝通及一起生活下去，在忍無可忍的情況下，攜帶子女離開居所，終結他們的婚姻。

　　很多爭議人由於文化背景、種族背景、性別、個性、教育水平及情緒狀態，往往會影響個人的感受、行為及判斷能力，引發不同程度的衝突糾紛。調解員可向爭議人提供這些知識，讓爭議人了解對方的反應行為是正常的，並非惡意的，增加彼此的容忍空間和能力，使他們可以繼續進行協商談判。

　　策劃調解時，調解員應當注意以上的因素，透過恰當的調解溝通技巧，便可協助爭議人重建溝通管道，解決他們的衝突糾紛。

人際溝通的方式

　　人與人的溝通方式可分為語言溝通（verbal communication）和非語言溝通（non-verbal communication）。語言溝通是指以語詞符號為載體所實現的溝通，包括口頭溝通，即是以語言進行的資訊傳遞與交流，例如口頭對話、書面溝通等方式，包括書信、佈告、報刊、備忘錄等形式。

語言溝通的特性

人與人之間的語言溝通有不同的特性，調解員應當了解這些特性，方可協助當事人進行協商談判：

1. 當事人有不同的種族、文化和經歷等背景，他們接收相同的訊息時，可能會產生不同的意義或誤會，阻礙人與人之間的溝通；

2. 當事人的精神狀態，會直接影響接收和傳遞訊息的能力，尤其是那些受到精神困擾的當事人，他們無法掌握自己的情緒，或被自己的情緒所蒙蔽，而影響溝通的能力。調解員應當小心處理那些飽受情緒困擾的離婚當事人；

3. 人與人之間的語言溝通往往會受到環境的影響，容易使聆聽者分心或影響訊息的接收；

4. 個人偏見往往會直接影響聆聽者翻譯言語訊息的能力，繼而扭曲所聽到的訊息。因此，調解員在進行調解時，應當小心觀察當事人的態度是否適合調解。

非語言溝通

非語言溝通是不用言辭表達的，而是通過身體動作、體態、語氣語調、空間距離等方式交流資訊、進行溝通的過程。非語言溝通一般可以區分為動態和靜態兩種。靜態非語言溝通包括容貌、體態、聲調、衣著、服飾及儀表，而動態非語言溝通則包括手勢、表情、姿勢、目光接觸等。

非語言溝通有何功能？

非語言溝通有以下的功能：

1. **加深聆聽者的印象。** 與人進行言語溝通時，重複言語並附帶相應的表情和誇張的手勢，有助加深聆聽者的印象。

2. **替代語言的作用。**我們可以從人的表情所流露出來的非言語訊息，看出他真實的意思，即使他並沒有説話，這些非言語訊息卻是能夠起到代替言語表達的作用。

3. **言語溝通的輔助工具。**很多對話附加其他非言語動作和表情，可以把訊息傳遞得更準確、有力、生動、具體。

4. **調整和控制語言。**透過不同的非言語發放的訊息，我們可以向他人傳遞自己的意向變化。例如，我們可以藉著歡笑傳遞接受對方的和解建議。

為什麼調解員要掌握非語言的溝通？

根據 Ross（1974）[3] 的研究指出，語言傳遞訊息的結果為35%、非語言為65%。Grant and Hennings（1971）[4] 研究課堂上教師教學的效果，指出教師的表情、舉止等非語言傳遞訊息的效果為82%，語言為18%。而加州柏克萊大學心理學教授 Albert Mehrabian 在 *Silent Messages* 一書中提到，人與人之間的溝通包含以下三個要素：

1. 説話的内容（words）；
2. 語調（tone of voice）；和
3. 非語言行為（non-verbal behaviours）。

他並且提出「7/38/55定律」。

因此，非語言溝通是十分重要的。在調解過程中，調解員除了專心聆聽對方的陳述和語調外，還要仔細觀察爭議人身體的移動和神情等非語言行為，例如：臉部肌肉收縮、侷促不安，精神恍惚等身體語言。當事人所穿著的衣服、身體姿態、手勢、面部表情及目光等身體語言，可傳遞當事人内心的真實感覺、態度、情緒等訊息。調解員可以從下列幾個常見的姿勢，窺探爭議人在調解進行時的思緒：

---

3. 趙麗榮，〈非語言交際益英語教學的應用〉，《中國論文網》，2015年2月27日。https://www.lunwendata.com/thesis/2015/33554.html

4. B. M. Grant and D. G. Hennings, *The Teacher Moves: An Analysis of Non-Verbal Activity* (New York: Teachers College Press, 1971).

1. 爭議人雙手緊握，表明受到挫折，或對剛剛提到的要求採取消極態度；

2. 爭議人沉著而又直接的凝視，雙手平放在大腿上，頭微側一邊，像是挑戰。這代表他有充分的信心。如果他將手搭起來，這個訊息更加表示他有自己的策略；

3. 爭議人手臂交叉，拇指向上，表示他太放鬆了，要說服這位爭議人恐怕不容易；

4. 摩擦後頸，表明這位爭議人正在努力控制消極情緒；

5. 如果爭議人慢慢地撫摸自己的下巴，表示他需要仔細考慮你的觀點；

6. 如果爭議人低著頭，閉目養神幾秒鐘，而且你能夠聽到他的呼吸聲，表明他對將要做出的決定感到害怕。這一動作可能緊跟著一句話：「我需要時間考慮。」

調解員可以藉著這些身體語言所發出的訊息，察覺爭議人的真正感覺、態度及情緒。這些身體語言往往是爭議人在不知不覺間流露出來的，很難偽裝，所流露的訊息會真實反映出爭議人的內心感受及態度。調解員亦必須留意自己所發出的身體語言，因為這些身體語言同樣可以讓爭議人得悉調解員在進行調解時的情緒，例如：有否偏幫某一方或感到不耐煩等，使爭議人對調解員失去信心。所以，調解員必須掌握「聆聽技巧」及「身體語言」的運用，才可以真正有效接收爭議當事人所發出的訊息和情緒，使爭議當事人感到調解員專心聆聽，明白他們的煩惱和感受，及在盡力協助他們解決問題，使他們更樂意與調解員合作，增加達成和解的機會。

因此，聆聽爭議人陳述的時候，調解員可以：

- 嘗試把目光停留在對方面部的下半部，要低於對方的眼睛，這種凝視一般人稱為「親密」凝視。

- 如果需要通過目光接觸來暗示一個要點，調解員可以盯著對方的面頰，這看起來友善一點，比沒有完全的目光接觸更令人有脅迫感。

- 調解員除了與對方目光接觸外，還需要敞開坐姿，嘗試靠後坐在椅上，張開手臂，仰起下頦，看起來態度開放和友好。

這些動作和姿態都可以讓調解員在很短的時間內，與爭議當事人建立良好的關係（rapport），並可鼓勵他們吐出內心的感受、憂慮。

調解員如何與人建立良好的溝通？

人與人的溝通會受不同的因素影響，調解員可以參考以下的溝通原則去作出改善：

- **留心溝通的情境。**環境、文化和經歷會直接影響人與人的溝通，我們與人溝通時應當留心當時的情境而作出恰當的回應，這樣有助與對方建立互信的關係和順暢的溝通交流；

- **針對溝通的事實。**很多人在溝通時，容易產生強烈的情緒波動，並需傾訴自己的不滿，這樣不但會偏離溝通事項，還會浪費時間和降低溝通效率。因此，調解員與當事人進行調解時，必須謹慎和專注溝通事項；

- **尊重對方的態度。**任何一位溝通參與者均是平等的。假若溝通參與者不能互相尊重對方，會很容易產生衝突，破壞彼此之間的互信關係和溝通管道。因此，調解員必須在主持調解會議時，堅持調解溝通規則，並且要求當事人互相尊重對方的發言權；

- **坦誠的態度。**當事人進行協商談判時，經常轉換不同的策略，這樣很容易破壞彼此之間的互信和溝通管道，最終引發衝突。因此，調解員必須以平常心及坦誠的態度對待當事人，引導他們進行協商談判，好讓他們可以冷靜下來，重新建立互信和溝通管道。

- **積極聆聽的態度。**若要了解當事人的想法，調解員就必須設身處地去聆聽。聆聽時，要耳到、眼到，還要心到；用眼睛去觀察，用心靈去感受。調解員還可以使用積極聆聽技巧（active listening skills）、追隨技巧（following skills）和反映技巧（reflecting skills）去接觸當事人的心靈，爭取他們的認同和信任，好讓自己使用同理心技巧來處理他們的情緒和需求。

如何改善調解員的溝通能力？

溝通是調解成功與否的一個重要因素，調解員必須協助當事人修復及維持有效的溝通管道和溝通能力，好讓訊息發放者清楚地傳遞訊息，讓訊息傾聽者準確地接收相關傳遞的訊息，避免傾聽者猜想所傳遞訊息的意義，造成誤解或溝通障礙。因此，在調解進行中，調解員必須為當事人提供良好的環境，運用調解技巧協助訊息發放者可以明確和具體地發出話語。

溝通訊息是雙向的，涉及說和聽的有效運作。傳遞訊息者必須把話說清楚，傾聽者則須積極聆聽。如何才能把話說清楚呢？調解員可以：

- **閱讀和學習不同的字彙。**言語溝通涉及不同的意義和情感，使用恰當字彙，可以協助當事人準確表達不同的意義。因此，認識字彙的多寡，將會影響溝通的能力和準確程度。調解員必須多閱讀、多學習不同的字彙，逐漸增加字彙量，以利他協助當事人準確地把訊息傳遞；
- **避免使用術語和非必要的專有名詞。**當事人來自不同的背景，具有不同的教育水平，因此，調解員運用太多專業術語或專有名詞，可能會對當事人造成混淆，無助訊息的傳遞和調解的進程。調解員應當使用當事人能理解的語言，避免使用專業術語或專有名詞，必要時更需詳細解釋說明，以協助當事人順暢地進行溝通和準確地傳遞訊息。
- **謹慎使用語言。**當事人來自不同的種族和文化背景，調解員若果不當使用帶有種族歧視或有偏見等話語，會有冒犯他人之嫌，甚至破壞彼此之間的關係和互信。因此，調解員必須避免使用不當的用語。
- **盡量使用接納性、鼓勵和啟示性的用語。**當事人參與調解時，雙方的態度均是情緒高漲和充滿對抗性，任何帶有批評或責備語氣的話語，均會激化矛盾，不利互信關係的建立和溝通。因此，調解員應盡量使用接納性、鼓勵和啟示性的用語，協助當事人放下歧見和共同合作解決煩擾他們的問題。

　　此外，調解員還須熟練和掌握其他必備的調解技巧，包括：積極聆聽溝通技巧、同理心溝通技巧、解讀溝通技巧、構思解決問題技巧、把憂心化為爭論點技巧、「腦力震盪」調解技巧、重建溝通技巧、情緒管理技巧等，方可引導爭議雙方當事人合作，共同面對及解決困擾他們的問題，達成雙方均可接受的和解方案。

如何改善調解程序中的溝通？

　　個別爭議人的溝通技巧及能力往往受不同背景因素影響，包括：文化背景、種族背景、性別、個性、教育水平及情緒狀態，因此，調解員必須運用不同的溝通技巧或技術，來協助當事人改善與爭議人之間的溝通，或重新建立當事人之間的溝通管道，才可以從個別爭議當事人所披露的資料中弄清楚事情的真相，及找出引發衝突的原因。

　　雖然現今通訊科技進步，有很多不同的溝通方式及媒介供人選擇，但最直接、最快捷及簡單的溝通方法，就是當事人直接進行面對面溝通。爭議雙方願意出席參與調解，便已是朝著調解成功的大門邁進。調解能否成功，建基於爭議雙方的直接對話、溝通技巧及能力。調解員必須在調解的每一個階段，運用良好的調解技巧，推動爭議人積極參與及進行直接對話，尤其是在下列三個調解的階段：

　　在開始階段，調解員應當在開場白中釐定調解會議的規範，並且強調調解的保密性及爭議當事人不可在對方陳述時作出任何干擾。強調調解的保密性，可以安撫爭議人焦慮不安的情緒，減低互相猜疑。

　　調解員應當要求爭議當事人在整個調解過程中，必須向他提供及披露真實正確的資料、數據，以利他明瞭引發衝突的真正原因、事實的真相、爭議人真正的需要及需求，以及爭議人的憂慮，然後協助爭議人制定及處理爭議討論事項。調解員必須強調爭議人不得以粗言穢語辱罵對方，防止爭議人破壞調解員與爭議當事人艱苦建立的溝通管道及爭議人之間的合作關係。

　　在「單獨會面」階段，調解員應當再次強調調解的保密性，未徵得爭議當事人的同意，調解員不會向任何人披露任何資料及數據。調解員應當鼓勵爭議當事人披露一些隱匿資料（包括：妥協底線、個

人憂慮、需要及需求等），讓他可以深入了解爭議人的憂慮及問題的根源，及早修正調解策略。

在調解結束階段，調解員可以測試爭議人的和解方案及聆聽爭議人的感受及意見，防止任何使爭議當事人感覺丟臉的情況出現，協助雙方營造正面的和解氣氛。

調解員的聆聽態度

許多人不是天生的良好傾聽者，每當別人說話的時候，只是聽取對方所發出的聲音，而沒有專心傾聽所接收的內容涵義，「左耳入，右耳出」或是「魂遊太虛」，不能接收正確的訊息。要當一位優秀的調解員，必須是一個良好的聆聽者，能夠全神貫注傾聽當事人的陳述，接收正確無誤的訊息，否則無法協助爭議雙方重建溝通管道，解決他們的衝突糾紛。

有效的聆聽

調解員的時間和專注力，絕大部分都是花在聆聽爭議人的陳述，尤其是使用「協調性調解」（facilitative mediation）的模式來進行調解。「聆聽」調解技巧是調解員必須擁有及善用的，因為它可以協助調解員發掘爭議人隱藏在內心的真正感受。藉著「聆聽」調解技巧，調解員可以分辨他們是否實話實說，說出他們真正關注的事項，以利調解員可以制定恰當的調解協商策略。例如：與爭議人進行單獨會談，給予爭議人抒發不滿情緒，提供諮詢法律或專家意見，澄清曲解問題的機會，鼓勵爭議人說出他們真正的需要及需求，以利調解員找出產生爭議衝突的源頭，打破談判僵局，制定爭議事項供爭議人協商談判，尋求雙方可以接受的和解方案。

「聆聽」調解技巧可協助調解員有效地聆聽爭議當事人的言語，明白這些言語的涵意。我們可以從「聆聽」二字的文字結構，明白聆聽的真正涵意。聆聽二字是由幾個不同的部首組合而成。「聆」字可分拆為：耳朵及命令，代表要小心地用耳朵聽取命令，而「聽」字亦可分拆為：耳朵、王、十四、一心等，代表要像臣僕用耳朵專心一致

地聽取王的指令，同時也要眼睛專注著下令的王，避免接收錯誤的訊息。這亦是調解員在與當事人溝通時，必須持有的態度。

因此，有效的溝通往往需要積極專注地聆聽當事人的陳述。很多人因為沒有小心聆聽對方的話語而錯誤接收對方所發出的訊息，繼而產生錯誤的理解和判斷。「聆聽」是學習調解最重要的一門技巧。因為調解員在進行調解時，不但要全神貫注地聆聽爭議人的陳述，還須要觀察爭議人的面部表情及身體語言。否則，調解員很難察覺或理解爭議人陳述背後包含著什麼重要訊息，沒法得悉爭議人的憂慮、真正的需要及需求。

因此，若要成為一個優秀的調解員，必須具備下述的條件：

1. 有充分的時間去靜心傾聽當事人的傾訴，否則會打擊傾訴者的傾訴意欲，不利建立同理心的溝通；

2. 耐心地讓當事人把話說完，並且鼓勵他把內心的感受、需要和需求說出來，好讓調解員了解引發衝突的源頭，評估爭議事項對當事人的重要性；

3. 以開放的心胸接納對方所說的話語情緒，並且允許對方表達任何屬於他的情緒感受。調解員可以使用同理心技巧，與當事人建立互信的關係和疏導當事人不滿和不安的情緒；

4. 尊重當事人的發言權，給予他們均等的發言機會，因為調解過程中的溝通，彼此的地位是平等的；

5. 在發現自己情緒不穩或感到不耐煩時，應當暫停並中止調解，給予自己和當事人冷靜和思考的機會；

6. 尊重別人的隱私權，不得將所聽到的說話隨便傳遞給第三者，除非獲得當事人許可外。

積極聆聽的優點

積極聆聽的優點有很多，包括：

- 發佈調解員認同發言人感受的訊息，並且是用心聽取發言人的陳述，充分接收所有資訊，好讓他與當事人建立同理心，鼓勵發言人披露更多和更詳盡的資料；

- 因為積極聆聽締造友好平和的氣氛，緩和爭議人的情緒，避免不必要的衝突，改善協商談判氣氛；
- 明確溝通，澄清混淆的訊息，減少不必要的誤會；
- 容許聆聽者進行搜集、整理爭議人所披露的資料、內容及感受；
- 協助發言者知道調解員已經充分理解自己的內心感受和情緒。

引發不良聆聽的因素

溝通往往受到很多因素影響，而這些因素更會妨礙有效的聆聽，例如：

- **由發言者引起的。**發言者的外貌、語氣、說話的速度，干擾性的環境，不良的陳述方法，以及申訴內容沉悶等，引致聆聽者不能專心地接收對方所發出的訊息；
- **聆聽者自己所引起的。**聆聽者不專心、不舒服、疲倦、專注於反駁或詢問、對爭拗的事項一竅不通、高漲的情緒、個人的偏見、抱著批評態度等，都可使聆聽者聽而不聞；
- **環境所引起的。**噪音、環境幽暗、過分舒適的座椅也會影響聆聽者接收訊息的能力。

除此以外，學者 Charlton and Dewdney[5] 更指出下列因素亦會妨礙有效的聆聽，例如：

- 調解員代替發言人發言，間接成為他的代理人，使另一方爭議人誤以為他偏幫對方而拒絕聆聽；
- 調解員在發言時，爭議當事人亦在同一時間發言，或容許爭議當事人同時發言，妨礙調解員進行聆聽；
- 調解員在進行調解時心不在焉，容許他自己的思想及注意力離開調解過程而沒有專注聆聽爭議當事人的陳述；

---

5. Ruth Charlton and Micheline Dewdney, *The Mediator's Handbook: Skills and Strategies for Practitioners* (Sydney: Lawbook Co., 2004).

- 調解員在調解過程中玩弄物件或塗鴉，妨礙爭議人專注聆聽對方的陳述，影響他們的注意力；
- 調解員假裝聆聽，並沒有接收爭議人的陳述；
- 調解員忙於低頭抄錄筆記，沒有注視爭議當事人的態度及表情，讓爭議當事人互相對罵。

調解員必須關注以上這些妨礙聆聽的因素，以免影響整個調解進程或破壞與爭議人辛苦建立的信任及溝通管道，使調解徹底失敗。

積極聆聽的技巧

為了提升調解員的溝通能力，調解員必須充分掌握積極聆聽的技巧，協助當事人修復溝通渠道和彼此之間受損的關係。積極聆聽的技巧包含「專注技巧」、「跟進技巧」、「建立同理心」等溝通技巧：

- **專注技巧**：專注技巧涉及實質上的專注，調解員在整個調解過程中，必須表現出他對當事人的爭議及立場很感興趣，並且運用恰當的身體語言，發出鼓勵性的聲音及友好坐姿，使爭議人感到被尊重。
  調解員可參考學者 Egan[6] 所提出的方法，例如：調解員應面對爭議人，採取一個開放姿態的坐姿，稍為傾前面向當事人，並與當事人目光接觸，然後放鬆自我。這樣做能給予當事人一個良好的印象，鼓勵發言者披露更多的資料及感受；
- **跟進技巧**：聆聽者應發放一些訊息給予當事人。這些訊息包括：提示、不干擾、給予少量鼓勵、抄錄筆記、提問一些關鍵性問題、總結及不加意見，使發言者感到他們披露的資料已經充分獲得調解員聆聽。調解員使用跟進技巧可以鼓勵當事人積極參與調解；
- **「重述」溝通技巧**：「重述」也是調解員經常應用的一件溝通工具，尤其是爭議雙方的衝突已發生了一段時間，無論大大小小的事情都會意見相左，已經無法簡單地表達他們所關心

---

6. Gerard Egan, *You and Me: The Skills of Communicating and Relating to Others* (Monterey, CA: Brooks/Cole, 1976).

的事情和不滿。因此，說話的人往往會害怕調解員沒有聆聽自己的聲音，而會不斷重複自己的觀點和感受。在這種情況下，調解員可以運用「重述」溝通技巧去協助當事人進行溝通。「重述」是指調解員在聆聽發言後，把他的想法和感受拼湊在一起，澄清說話者的意思。這樣做可以讓調解員傳遞清晰的資訊，讓爭議人知道調解員已經聽見他的說話，並且了解他的情況和感受，從而促進調解員和當事人之間的交談。在「重述」的過程中，調解員可以引導當事人集中闡述事情，讓聆聽者可以平和地聆聽他的投訴、觀感或所關心的事情，並引導當事人述說其他的話題或終結有關討論。調解員在「重述」時可篩選那些看來是初步重要的議題或投訴。

- **「撮要」溝通技巧：**在聆聽當事人的陳述時，調解員應當引導陳述者從他們的角度講出事情的經過，讓他們可以暢所欲言地表達他們所關注的事情，並且以筆錄形式記錄下來，把雙方的故事拼合在一起，共同找出大家都同意的故事或大家所關注的事項，然後「撮要」總結雙方關注的爭議和共同點，供當事人討論。「撮要」的目的是協助當事人識別及確定有待商議的議題，讓他們證實或修正他們的觀點，促進彼此共同理解事情的發展，再讓大家一起討論。調解員在「撮要」時，必須以中性的字彙來「撮要」。

- **「同理心」溝通技巧：**根據 Carl Rogers[7] 的定義，同理心（empathy）是指正確和理性地了解當事人內在經驗的一種覺察，並且感受到他的內在世界，「宛然（as if）」是自己的經驗，但從來沒有失去「宛然」的條件。因此，同理心是「將心比心」或是「把自己納入別人的鞋子中」，即是設身處地把自己代入別人的經驗或情緒之中，與對方之間產生共鳴，使當事人感到被充分了解，並願意打開心扉，披露更多秘密資料。

---

7. 引自 C. H. Patterson, *The Therapeutic Relationship* (Monterey, CA: Cengage Learning, Inc., 1985), 52–59.

同理心有以下功能

　　同理心有甚麼功能？為什麼調解員必須掌握這個技巧？調解員掌握同理心技巧，可以有助當事人：

1. 覺察內心的情感

　　同理心溝通技巧可以幫助調解員覺察當事人內心抽象模糊的情緒。透過同理心的互動和回應，調解員可以向當事人提供矯正性情成經驗的機會，幫助他們強化自我，打破他們自我封閉的心靈和自我孤立的人際關係。調解員還可以幫助當事人表達內心難言的感受，觸動他們內心封閉的深層情感，從而產生情感宣洩的效果。

2. 修復破損的心靈創傷

　　同理心還可以讓調解員修復當事人因婚姻離異所造成的感情創傷，提升當事人對調解員的信任與安全感，容許調解員營造當事人之間的正向關係，有助當事人在調解過程中，卸下感情的面具、呈現真實的自我。因此，妥善使用同理心溝通技巧可以讓調解員打開當事人緊閉的心窗，披露內心的憂傷，願意接受撫慰，有助增進當事人的自主性和自我療傷的能力和效果。

3. 改變自我的認識

　　同理心可以讓調解員幫助當事人重新確認及了解自身內在的經驗，銜接內心隱藏的世界，重新檢視自己未曾感受的感覺，學習以客觀的視野來探索世界。與當事人進行調解時，調解員的接納和同理心，有助促進當事人與其建立信任的關係，催化當事人開放他們的心窗，與調解員共同探索他們自身的經驗及意義，增進自我的了解。一旦當事人對其認知、歷程與情感進行自我調節後，將會改變他們持守的堅定立場，願意與對方共同合作，一起解決困擾他們的問題。

4. 催化成為自助者

　　同理心可以幫助當事人覺察自己內心的感受，學習傾聽和尊重他人內心的感受，讓他在調解過程中，可以更加投入和開放心靈與對方

進行互動。因此，在調解過程中，調解員運用同理心技巧幫助當事人學習及建立自覺與自我調節的能力，修復衝突所帶來的創傷和困擾，尤其是幫助那些正在辦理離婚的當事人，使雙方能夠共同合作，面對及解決離異所產生的問題。

影響同理心的因素

鑑於當事人的個性、文化、教育水平的差異，調解員在使用同理心技巧時，必須注意個別當事人的心理狀態，因應情況而採用深入程度不同的同理心技巧。調解員必須謹慎使用同理心技巧，小心觀察當事人的反應，好讓他們感到自己的經驗被尊重和聆聽，促使他們自我檢視個人的感受、價值與目標，並在調解過程中表達他們的情感與需求。調解員在使用同理心技巧時，應當尊重當事人的文化價值觀，切勿把自身的文化價值觀，強加諸於當事人身上。否則，當事人將會拒絕調解員的同理心，破壞彼此之間的互信基礎。因此，調解員必須在調解進行前，深入了解當事人的文化背景，提升文化敏感度，把文化隔閡降低，好讓自己可以更準確、更貼近當事人的感受和正確性地傳達同理心。

同理心技巧

在調解過程中，調解員與當事人溝通談話，以口語的方式表達自己對當事人的同理心。表達的方式包含了「意譯」（paraphrasing）與反映（mirroring）等調解技巧。

「意譯」是調解員扼要地用自己理解的方式，表達當事人所說的內容或含義，好讓當事人知道自己的話語內容和內心感受，已被掌握和理解，讓調解員可以引導當事人探索某個層面或是過去未思考過的問題。「意譯」的目的是讓調解員協助及催化當事人探索面對的問題或是過去從未思考過的方向。

「反映」溝通技巧，是指調解員按照當事人在調解過程中流露的言語訊息和身體語言（非口語訊息）來回應當事人感受的一種技巧。調解員使用這個技巧的目的，是要協助當事人澄清及進入他們自己的

內在經驗，有序地宣洩情緒和深入地探索自我，並催化當事人開放個人經驗、發展出正向的希望感覺。

「反映」是一種十分有用的溝通技巧，適用於爭議雙方都不像在聆聽對方的說話或是對有關問題不甚了解的時候。「反映」技巧要求陳述一方重述其說話。

例如：調解員向一方當事人說：「請你告訴我們，你剛才所說的意思是否反對探視兒子？我聽不清楚你剛才所說的話。」如果回應的一方表示這不是他的意思，調解員就應要求澄清剛才所說的話的涵意，以免雙方產生不必要的誤會。「反映」溝通技巧的目的是協助當事人能夠聆聽到彼此的意見和打破當事人單向溝通的模式，並可鼓勵各方彼此聆聽，了解他人的觀點，增加爭議雙方的理解。

在調解過程中，調解員應當要留意當事人在表情、動作、語調及口語內容所流露的情感訊息，好讓自己可以調整表情、動作和語調，以及與當事人之間的感受，方可精準地傳達對當事人的同理心。此外，調解員必須時常觀察當事人在調解歷程中的互動情形與情緒變化，並且隨著這些變化恰當地調整同理心，同時緊記「反映」並非簡單的重述，而是恰當地使用語言、情感、肢體等溝通技巧，把訊息直接傳達給當事人。

調解員應當小心傾聽當事人的陳述，並運用同理心技巧，進出當事人的主觀與客觀世界，處理當事人的情感困擾，理解和分析他們的需要及需求，同時客觀地反映給當事人知道，好讓當事人覺察自己的內在情感。調解員必須小心使用同理心技巧，避免陷入當事人的情緒之中，給人偏袒某一方的印象。

為什麼調解員必須學習和掌握同理心技巧？

調解員必須學習和掌握同理心技巧，因為它可以幫助調解員在很短的時間內，正確地了解爭議人的感受和訊息所包含的意義，並將調解員的體會傳達給爭議人，有助促進當事人對自己的問題和情緒有更加深入的理解。

掌握同理心技巧，可以幫助調解員與當事人之間建立互信的關係，有助打開當事人緊閉的心窗，讓當事人可以向調解員披露內心的

困擾、需要和需求，讓調解員可以正確掌握引發衝突的真正原因，制訂合適的調解策略，解決當事人面對的問題。

因此，同理心是調解員必須具備的敏感能力。調解員可以從當事人的角度去辨識、體會他的感受、思想，以恰當的詞彙表達出來，而當事人也可以知道調解員明瞭其內心的想法、感受和困擾，是一個忠實的聆聽者。調解員必須時時刻刻保持敏感的觸角，真誠地覺察當事人所感受的意義，才可以協助他與爭議人建立互信的關係，以及影響爭議人的情緒和行為，並開展調解的工作。

解讀（解毒）溝通技巧

人與人的溝通往往會受環境或個人情緒的影響，對相同的建議產生不同的反應，尤其是正在進行訴訟的爭議人，他們一般使用帶有侮辱和批判的尖銳言語，容易激怒對方，引發對方更激烈的反擊，破壞彼此的溝通管道，使爭議人無法接收任何訊息，破壞彼此之間的合作關係，使談判陷入僵局。

對調解員來說，「解讀」是一種非常重要的溝通技巧及工具。「解讀」溝通技巧是指調解員在聆聽帶有負面（有毒）的言語後，以中立平和的言語、語氣或文字，替代那些不必要或含有傷害性、侮辱性、攻擊性的負面話語，重新整合發言者的意思，以正面平和的語氣把說話重新複述一次，讓聆聽者可以清晰地接收正確的訊息。成功運用「解讀」溝通技巧，可以軟化爭議人的觀點和立場，創造改變他們行為的契機。因為當一方爭議當事人在調解會議中提出一個讓步方案，有可能會因對方的負面話語而貶低或拒絕這個方案。可是，若這個方案經由調解員使用「解讀」溝通技巧轉折地提出，將可避免這些自動貶低或否定的反應，使這個方案好像是由調解員提出來的，因而更具吸引力，更容易被接受。

「解讀」溝通技巧的運用，可以參考下列例子：

例子一

呈請人：「那隻臭肥豬已經數月沒有支付贍養費給我了！」

調解員解讀後:「你很不高興在過去數月來未能收取贍養費,而這些贍養費是根據你們雙方協議來支付的。」

例子二

丈夫:「我的妻子作任何事情都是做得很慢和無效率,購買用品要到不同的百貨公司比較價錢,然後才決定購買,十分浪費時間。」

調解員過濾後:「你的妻子是一個做事很小心的人,作每個決定前都經過小心考慮。」

從以上的例子,所有帶有批判性、侮辱性的言語,經調解員使用「解讀」溝通技巧,以恰當及正面的言語,重新整理當事人的觀點及立場,濾掉帶侮辱性的負面言語,以正面、中立和帶有建設性的言語代替,避免不必要的紛爭,使調解得以順利展開。

此外,調解員應當使用簡單而直接的言語進行調解,盡量避免使用法律名詞或專業名詞,避免爭議當事人因教育水平差異,不能與調解員有效、準確地溝通。調解員亦應避免使用負面言語,使糾紛變得更加複雜,或使爭議當事人感到更加惶恐不安。倘若爭議人使用不恰當的言語,調解員應以恰當的態度及正面的替代詞來過濾爭議人的負面言語。例如:

表 14.3:調解員解讀(毒)當事人負面的語義

爭議當事人的負面或不恰當話語	調解員的正面替代詞
• 糾紛、爭議	• 問題、狀況
• 申訴	• 當事人的個人觀點、理解
• 兒女照顧、管束、管養權及探視權	• 做父母的安排

「解讀」技巧的功能

恰當的「解讀」溝通技巧可以發揮下列功能:

- 過濾及解除帶有指責性、敵對性、侮辱性和攻擊性的言語(發揮解毒功能);

- 引導爭議當事人從負面立場改變為正面立場，推動爭議人積極參與解決糾紛；
- 誘導及改變爭議當事人的專注力，從專注個人的申索立場，改變為專注於雙方隱藏的利益，製造雙贏或多贏的條件；
- 引導爭議當事人專注現在及未來的切身利益，而不是過去的不愉快事情；
- 把個別憂慮及爭議事項變為雙方的憂慮及爭議事項，協助爭議當事人雙方共同合作，解決彼此共同的憂慮及爭議事項。

「解讀」溝通技巧的困難

「解讀」溝通技巧不容易掌握，調解員需要小心使用，假若運用不當，便很容易會：

- 被爭議人一方認為偏袒對方，引致調解員失去中立地位；
- 被視為假意奉承而令人反感。

調解提問技巧

為了解爭議人內心的想法，調解員可運用「提問技巧」去探知他們的需要和立場。調解員必須仔細觀察爭議雙方的心理反應、面部表情及身體語言所流露的線索，例如：爭議人的舉止、姿勢、手勢、口頭禪等，揣摩爭議人的想法和願望，以及他們的隱藏需要。

為了取得這些線索，最直接的途徑便是向爭議人提出問題，因為適當的提問可以引導爭議人有條理地披露他們的內心世界，打開爭議人的「心靈之窗」。筆者在調解開始的時候，常常會問爭議人，「你想在這調解中得到什麼？你期望調解可以為你達成什麼目的？」透過這些直率的提問，再參考他們提供的資料，便可發現爭議人的需要，以及應採取什麼行動去有效地策劃未來的調解方向。

為了有效地引導爭議人披露他們的內心世界，我們需要學習如何發問。因為不同的發問方法，會引致不同的效果。例如：親切的問題可以引導爭議人披露調解員所需要的資料；引導性問題可以防止爭

議人逃避回應調解員所需要的資料。有效的發問可以協助調解員認識事實的真相，以及得到共同結論所需的臆測。

問題的種類

調解員向爭議人提問的形式可分為：一、寬鬆性問題（open-ended questions）；二、引導性問題（leading questions）；三、特定問題（specific questions）；四、一般問題（general questions）。

「寬鬆性問題」是指那些沒有預先設定目的的問題，提問人容許爭議人自由提供任何答案或資料。「寬鬆性問題」適用於個性開朗、沒有機心的爭議人，只要提問恰當的題目，爭議人便會滔滔不絕地向調解員披露很多有用的資料。提問人只要繼續鼓勵爭議人發言便可。例如：「請你告訴我這意外是如何發生的？」

「引導性問題」是指預先設定某些目的的問題，提問人只容許爭議人提供某些特定的答案或資料。「引導性問題」適用於個性軟弱或有機心的爭議人，針對某些特定的範圍，不容許爭議人逃避回應。提問人可使用引導性問題，引導爭議人按著提問的方向回應，披露提問人期望獲取的資料。例如：「請你告訴我這意外是否你造成的？」

「特定問題」是指只提供特定答案的問題，提問人只容許爭議人提供某個指定範圍的答案或資料，而不是漫無目的的閒談。例如：「你喜歡吃西瓜嗎？」

「一般問題」是指提供不特定答案的問題，提問人沒有既定的立場和目的，只希望能引導爭議人提供多一些資料或線索，從中發掘有用的調查方向。例如：「為什麼你會喜歡李大偉？」

各種問題各有其功用，審慎運用可吸引爭議人的注意和保持興趣，引導他至你所希望的方向，獲得期望的資料。可是，不慎運用則可能會使爭議人因你的提問而感到壓力和焦慮不安。若問題含糊不清，使爭議人沒法了解提問的用意，誤會以為自尊或自信備受攻擊或侵犯，便會引起莫大的敵意。例如：詢問一位中年未婚女士是否已婚，對提問人來說，這只是很普通的問題，沒想到卻引起這位女士對於年華老去還未能出嫁的恐懼，對這無害的問題採取激烈的反應。

因此，調解員向爭議人提問的時候，除要注意爭議人的文化背景、風俗習慣、教育程度等因素外，還要了解爭議人的心理變化過程，比如你的提問會令對方產生何種情緒？否則，爭議人會因你的問話而感到不安或反過來質問你。最後，在提問時切記不可超越話題。

提問的主要功能

提問有很多功能：

1. 提問可引起爭議人的注意。例如：「真是個美麗的早晨，不是嗎？」這種問題可以為你打破沉默的氣氛、打開話匣子；

2. 引導爭議人朝著調解員的探索方向進行思考，提供特定的資料；

3. 提問可協助調解員從爭議人身上獲取欠缺的資料。例如：「誰」、「什麼」、「什麼時候」、「什麼地方」、「是不是」、「會不會」等等。

4. 調解員可以藉著提問向爭議人傳達一些感受或訊息。從表面上看來，提出問題似乎只為取得期望的消息或答案。但事實上，提問是要把自己的感受或已知道的資料轉達給對方。例如：「你真的相信這案你會贏嗎？」對方聽後必然理解你對這案件的觀感。

5. 調解員可以藉著提問去引起爭議人進行思考。例如：「你對這建議有什麼意見？」

6. 調解員可以藉著提問做總結，使話題歸於結論。例如：「該是坐下來談判的時候了吧？」、「這就是唯一的和解方案嗎？」。

調解員若能在談判協商過程中掌握及善用提問技巧，就可以隨心所欲地制定提問的全盤策略，引導爭議人談話的方向。在個別論點上以提問作為引導，可以為調解員達成許多的目的（包括得知欠缺的資料）。

提問的語調

調解員在運用「提問技巧」去探知爭議人的需要和立場時，必須注意提問的語調，因為提問的語調能夠把一些隱藏的情緒顯露出來，使爭議人陷入窘境。

調解員可以嘗試利用適當的敘述，與爭議人一起建立「同理心」來化解那些不必要的敵意。例如：「我明白你的感覺。」調解員可以藉這敘述來告訴爭議人你已經聽得很清楚他的觀點，已掌握他心中的想法，避免爭議人反過來質問你，使你陷入窘境。適當的敘述，不僅能夠控制調解的氣氛和爭議人的情緒，還能使爭議人視你為好友，願意向披露你所需要的資料。

調解員與爭議人溝通的時候，要注意避免使用不客氣的字眼，要用比較婉轉的字句來表達。例如：你要拒絕一個人的請求時，可以不必直接回答：「不行！」，你可以説：「讓我與對方協商考慮後再回覆你的建議。」因此，當調解遇上棘手的問題時，如果你不想直接造成僵局，就可以回答説：「我們暫時先把這個問題放在一邊，等會兒再回頭討論。」

「提問」是一個很常用、很有力量的調解技巧，可決定談判、協商或討論的方向，引導爭議人披露他們的內心世界，控制爭議人披露資料的質與量，刺激爭議人的思考，讓他們慎重地考慮你的意見。

第十五章

情緒管理

情緒的產生

在調解過程中,爭議人的「感受」可能要比「説話」更重要,因為當爭議人開始與對方進行協商談判時,其情緒會很容易牽引另一方的情緒。尤其是當一方爭議人備受壓力時,更會產生受威脅的感覺。這些感覺若得不到紓緩,會使爭議人產生恐懼而啟動自我防禦系統,即時作出反擊。對方亦因其責備而產生相應的「恐懼」情緒,這些「恐懼」會激發自我防衛機制而作出還擊。若爭議人在長時間下承受很大的壓力,會有很負面的表現,情緒變得波動,很快就把談判協商推向僵局。要了解爭議人的情緒波動程度,調解員須仔細觀察爭議人的身體語言,靜心傾聽對方的説話。

認識及分析情緒

調解員需要對情緒作出分析,選擇恰當的介入方法。爭議人在調解過程中會經歷不同的情緒波動階段,包括:憤怒、憂傷、否認、談判、接納。若調解員未能掌握這些現象,以恰當手法處理,可能會阻礙爭議人達成協議。

在調解過程中,調解員必須控制爭議人激動的情緒,但這並不代表要全面禁止爭議人發洩。容許爭議人發洩其高漲的情緒,可以達到以下效果:

- 幫助紓解他們的憤怒、憂傷;

- 讓對方可以冷靜地聆聽宣洩者的內心指控、訴求及感受，以免爭議雙方因彼此之間的偏見而中斷溝通；
- 引發對方在回應宣洩者的指控、訴求及感受時，披露更多隱藏的資料，使調解員加深了解事情的真相。

不過，在爭議人的宣洩過程中，調解員要小心監察及處理，如果不加控制，會引發粗暴的爭吵，使爭議人雙方進入破壞性行為，使調解無法繼續進行。

此外，調解員必須在調解開始的時候，先與爭議雙方訂立調解程序及規則，並要求他們同意遵守。尤其是當一方在陳述個人的立場、感受和發洩其不滿情緒時，另一方不得干擾或發言，直至他完成所有陳述為止。然後，調解員只須安靜地傾聽爭議人的陳述和感受，若有含糊或不明確的地方，可請爭議人重複一次。在聆聽的時候，調解員不可魂遊太虛，必須專心聆聽，從對方的立場去了解他所說的話，採納他的看法、需求和顧慮。在聆聽爭議人的陳述和感受時，調解員可偶爾向爭議人說：「對不起，你的意思是不是……？」讓爭議人知道他的陳述和感受已被調解員聽取和了解而感到滿足。調解員還須鼓勵爭議人把內心要說的話暢快地說下去，直到把所有不滿的情緒吐光為止。爭議人發洩不滿的情緒後，會很快地冷靜下來及變得有理性，可以與對方進行協商談判。

限制或阻止情緒

在某些情況下，調解員需要限制或阻止爭議人的情緒，尤其是在爭議人的激動情緒不斷向上高漲以致失控，甚或造出毀滅性、危害或傷害對方的行為，要即時作出介入。當調解員決定介入限制情緒，可以採取表 15.1 所列的各種技巧：

表 15.1：調解員面對不同的情緒的處理方法

	限制情緒的不同程度做法
中度限制	• 嘗試干擾當事人； • 迴避問題； • 引導當事人專注於一系列爭議事項。
權威性限制	• 指出不恰當的宣洩情緒行為； • 提醒當事人既定的調解規範； • 要求當事人專注於調解過程。
強制性限制	• 阻止當事人； • 終止聯席會議及進行單獨會面； • 向當事人發出警告，若當事人的情緒不受操控，有關調解會即時終止。

調解員需要作出平衡判斷，一方面容許當事人宣洩高漲的不滿情緒，另一方面操控有關宣洩不會流於失控，以致破壞良好的談判氣氛及調解過程。調解員可以參考下列富有創意的方法，來控制當事人的情緒宣洩：

• 建議暫時停止有關調解，讓當事人享用茶點；
• 建議終止聯席會議，開始進行單獨會談，給予當事人一個冷靜的機會；或
• 邀請當事人建議處理這些破壞性情緒的方法。

最後，調解員應該給當事人提供安全的環境，因為保安措施會鼓勵當事人放心宣洩他們的情緒，而不會受到任何暴力的威嚇。

鼓勵當事人積極面對問題

調解員除了控制當事人激烈的情緒及提供安全的環境外，還要不斷鼓勵當事人積極面對問題，不要放棄或逃避困難，尤其是在當事人感到氣餒時。調解員可以嘗試這樣鼓勵當事人：「雖然你們要面對的問題十分艱巨，不容易處理，只要大家一起抱著解決問題的決心和信念，無論甚麼困難，一定可以克服。今天大家能夠一起出席調解，已經表明解決問題的決心。調解的過程可能會很崎嶇，但總會有解

決問題的方法。」在調解期間，調解員須不斷鼓勵當事人繼續協商，以免功虧一簣。

協助當事人投入調解過程

　　有時，調解員會發現當事人在調解會議的表現並不投入，這時可以嘗試提醒當事人參與調解的目的，例如：「假若你們不能在這裏解決你們的衝突，將會有什麼樣的結果？」調解員亦可藉著提問他們的期望，來提醒當事人參與調解的目的和重要性，鼓勵當事人積極參與，例如：「你們希望得到什麼樣的結果呢？」，並帶領他們專注於調解會議有待解決的問題。

第十六章

需要與抉擇

什麼是需要？

　　需要是人類渴求某種物質或非物質資源的意欲，也是推動社會及個人進步的動力。心理學家把人的需要分為生理需要（例如：衣服、食物等基本生存物品）、安全需要（例如：失業保障、生活保障、醫療保障等）、社交需要（例如：友情、愛情等）、尊重需要（例如：自尊、自重和被別人尊重，尤其是渴望得到他人的賞識和高度評價）和自我實現需要（例如：實現個人的理想、抱負）等五大類。

　　即是說，人類最基本的需要是維持生存，人為了生存就必須滿足生理需要。因此，人需要食物避免飢餓，穿衣服用作保暖。一旦基本生理需要解決後，人類必然會追求更高的安全需要，希望不用再為缺乏基本生理需要的物資而煩惱。人與人之間需要交往，透過溝通，建立人際關係，交流感情，相互協作。這些生理需要和社交需要一旦滿足後，會促使人追求更高層次的精神需要，即自我實現需要。總括來說，需要是推動人的積極性的泉源和動力。

人的需要有幾種？

　　根據心理學家馬斯洛（Abraham Harold Maslow）的分析，人的需要可分為五個層次，分別是生理需要（physiological needs）、安全需要（safety needs）、情感和歸屬需要（love and belonging needs）、尊重需要（esteem needs）及自我實現需要（self-actualization），依次由較低層次到較高層次排列。

生理需要

生理需要是人類最基本的需要，任何人均需要食物、水、空氣、睡眠及住房等資源來維持生存。假若這些基本的物資得不到滿足，將會直接影響人的生理機能的正常運轉，尤其是人在飢餓時將不會對其他事物感興趣，他們只想盡辦法讓自己活下去，任何的思考能力、道德觀將會變得脆弱。例如：在饑荒的情況下，飢民是會不擇手段地搶奪食物。因此，馬斯洛認為生理需要是推動人類行為和決策最首要的動力，也是人類工作的推動力，處於馬斯洛三角的最底層。任何政府或個人，阻礙或爭奪這些有限的資源，將會引發激烈的衝突。

安全需要

基本的生理需要一旦獲得滿足後，人們便會開始追求人身安全、健康保障、職業保障、退休福利、醫療保障、失業保障、生活穩定以及免遭痛苦的威脅或疾病等安全需要。調解員在處理家庭糾紛或離婚案件時，經常遇見一些缺乏安全感的當事人，往往因缺乏經濟能力而感到受威脅，覺得這個世界對她是不公平的，漸漸變得十分精神緊張和彷徨不安。有些人更會變得自暴自棄，以酗酒、吸毒來尋找短暫的安逸感覺。因此，調解員在處理離婚或勞資糾紛時，必須考慮當事人的安全需要。馬斯洛認為安全需要的層次較生理需要為高，但同樣屬於低級別的需求層次。

情感和歸屬需要

在馬斯洛需求層次中，情感和歸屬需要屬於較高層次的需求，是人們對友誼、愛情以及隸屬關係的需求。人是群體動物，在生理需要和安全需要得到滿足後，會進一步追求友誼、愛情和親情。假若這些需要得不到滿足，就會直接影響人的情緒、工作能力和工作態度。調解員在處理涉及破碎家庭的糾紛時，往往會遇見一些缺乏父母關懷的青少年，他們會認為自己沒有價值，變得自暴自棄，忽視道德觀念的規範，積極地尋找相同背景的朋友。

尊重（尊嚴自尊）需要

尊重需要，包括個人對自己的成就或自我價值認可的感覺（即是自尊心），和他人對自己的認可與尊重。每一個人均希望自己有優越的社會地位，得到他人對自己的能力和成就的承認。人們十分重視自己的成就、名聲、地位和別人的尊重，假若尊重需要不被滿足，他們就會感到沮喪。

自我實現需要

自我實現需要的目標是自己能夠實現個人理想、抱負，充分發揮個人的潛能，達到自我實現的境界。很多人均希望能夠獲得一份稱職的工作，讓他們充分發揮個人的潛能，實現個人的理想、抱負，並且獲得他人的讚賞，使他們感到最大的快樂。

馬斯洛認為這五種需要，好像階梯一樣，從低到高按層次逐級遞升，但這個次序是可以隨著不同的環境而變化。基本上需求可以按著眾人的需要層次層層遞升，當某層需要獲得滿足後，才會尋求向高一層次發展，爭取另一更高層次的需要。不同層次的需要會影響當事人的價值觀和選擇。因此，追求更高層次的需要往往成為當事人追求行為的動力。

馬斯洛把這五種需要分為高和低兩級，即生理需要、安全需要和感情需要屬低級，通過外部條件就可以滿足；尊重需要和自我實現需要屬高級，通過內部因素才能滿足，是無止境的。

馬斯洛還認為每一個人在同一時間會面對多個不同層次和種類的需要，而在眾多需要中，必有一種需要是站在支配地位，直接影響當事人取捨的選擇和決定。再者，任何層次的需要均會相互依賴和重疊，不會因為追求更高層次的需要而消失，各人可以同一時間追求高和低兩個層次的需要。

馬斯洛和其他的行為心理學家都認為，個人需要的層次，是受到個人的經濟、文化和教育水平影響。窮困的人追求生理需要和安全需要，富有的人則會重視尊重需要和自我實現需要。

為什麼調解員要了解「人」的需要？

這個問題十分重要。了解人的需要有助解釋「人」的價值取捨。在不同的調解案件中，調解員會面對來自不同種族、文化、經濟和教育水平背景的爭議人，他們各自追求不同的需要。因此，與爭議人溝通時，調解員必須運用同理心溝通技巧，與他們建立互信的關係，好讓他們能夠打開心窗，披露他們各自內心追求的需要，然後分析這些需要的層次和種類，好讓調解員制定調解策略，協助他們在協商談判時，交換爭議人擁有的資源，來滿足各自追求不同層次的需要，解決有關衝突，達到雙贏的境況。

例如：家事調解員在處理離婚案件時，妻子一方因缺乏經濟資源，面臨離婚後的壓力，她所關注的是生理和安全需要，因為她需立刻解決租金、家庭開支等切身問題，還有日後如何尋找工作，保障離婚後的生活，滿足安全需要。至於有經濟能力的丈夫一方，卻是追求情感和歸屬需要，尤其是婚生子女的親情，因此，探視子女的權利及安排對他來說卻是十分重視的需要，並且願意與女方在贍養費或其他經濟資源上作出讓步。家事調解員可以運用各人的這些需求，在談判時來為他們作出讓步，以及互相交換自己不大缺乏的資源，這樣做較容易促成雙方的諒解，願意共同合作制定一個彼此可以接受的父母親職計劃，充分照顧年幼子女的成長需要，達到多贏的局面。

又例如：調解員在處理勞資糾紛的案件時，勞方追求的是生理和安全需要，即金錢、工人福利，而資方追求的卻是生理和情感歸屬需要，即增加公司利潤、追求團體合作精神以減少對公司生產的衝擊。勞資雙方的需要，看來好像是對立的。可是，調解員若能發掘出勞方另一個更高層次的需要，即尊重（尊嚴自尊）需要，即給予員工接受培訓或晉升的機會，使其感到可以發揮自我，這樣做不單可以提升員工的工作滿意度，也增加他們對公司的忠誠度，放棄追求短期的加薪利益，同時減少不必要的勞資糾紛。

因此，調解員必須運用各種不同的調解溝通技巧，與當事人建立友好互信關係，引導他們披露內心的需求，從而了解及分析這些要求，協助他們進行友好協議，共同面對及合作解決困擾他們的問題，促使他們互相讓步、互相配合，體諒對方的需要，共同創造可以滿足

爭議雙方當事人需要的條件，修復彼此之間受損的關係和解決有關爭
議和衝突。

圖16.1：馬斯洛的需要三角

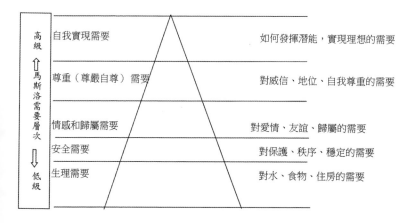

自我實現需要	如何發揮潛能，實現理想的需要
尊重（尊嚴自尊）需要	對威信、地位、自我尊重的需要
情感和歸屬需要	對愛情、友誼、歸屬的需要
安全需要	對保護、秩序、穩定的需要
生理需要	對水、食物、住房的需要

高級 ⇧ 馬斯洛需要層次 ⇩ 低級

第十七章

調解倫理

大衛‧何夫曼（David Hoffman）認為調解員在進行調解活動時，應當遵守下列調解倫理原則，以免自己的不當行為，與當事人的利益產生衝突（conflict of interest），引起不必要的訴訟。

何謂「利益衝突」？「利益衝突」是指調解員的個人利益與爭議當事人（一方或雙方）的利益，存在某種形式的對抗，進而有可能導致爭議當事人的利益受損，或者有可能影響調解員的專業服務質素和社會公信力。

避免利益衝突

調解員在考慮應否接受爭議雙方當事人的邀請前，應當審核有關調解案件的內容及其結果，是否會在個人的利益、專業活動、經濟狀況上，直接或間接地與爭議雙方當事人發生衝突？例如：律師作為調解員去處理有關爭議前，其律師事務所是否在其他法律事務上，曾為爭議提供服務？若是，該調解員應當向相對爭議一方披露，好讓當事人有充分機會決定是否繼續聘請他為該案的調解員。假若該調解員認為相關的利害衝突十分嚴重，任何披露亦不能改善或避免這些利害衝突，則應當拒絕接受有關委任。

根據 2010 年由律政司司長領導的跨界別工作小組所頒佈的《香港調解守則》第二條的規定：「調解員必須以公正無私的態 對待調解各方。調解員 有可能或曾與任何一方之間有任何從屬/ 害關係，必須向調解各方披 ；如屬這情況，調解員必須在展開調解程序前取得調解各方的書面同意。」

　　調解員是有義務在接受爭議當事人的委任前，審查個人的利益會否對爭議當事人的利益產生衝突，一旦調解案件的內容與當事人任何一方之間有任何從屬/害關係，必須向調解各方披 和取得調解各方的書面同意方可進行調解，否則應當拒絕有關委任。

　　此外，北京仲裁委員會《調解員守則》[1]第九條更規定：「調解員接受選定或指定的，有義務書面披露可能引起當事人或者代理人對其獨立性或公正性產生合理懷疑的任何事由，包括但不限於：

（一）與調解案件爭議事項有利害關係；

（二）在接受選定或指定前曾與當事人或代理人討論案件情況或提供過諮詢的；

（三）在接受選定或指定前或調解進行中接受過當事人或代理人的請客、饋贈或提供的其他利益的；

（四）與當事人或代理人有同事、代理、僱傭、顧問關係的；

（五）與當事人或代理人為共同權利人、共同義務人或有其他共同利益的；

（六）與當事人或代理人有較為密切的交誼或嫌怨關係的；

（七）其他可能對調解員獨立性或公正性產生合理懷疑的情形。」

　　北京仲裁委員會《調解員守則》更進一步明確規定調解員必須書面披露可能產生利益衝突的事由。

　　可是，上海經貿商事調解中心《調解員守則》除了規定調解員不得接受當事人請客、饋贈或提供的其他利益外，[2]第八條還進一步規定：「調解員本人如果與案件有利害關係或有其他關係，可能影響案件公正調解的，應當向調解中心及時披露相關情況，主動請求回避。」

　　除了避免利益衝突外，大衛・何夫曼還指出調解員是需要遵守以下的倫理要求：

---

1. 2014 年 2 月 1 日起施行。
2. 第七條。

稱職／專業範疇

調解員應當知道自己的能力或專業知識能否勝任處理有關糾紛，例如離婚所產生的糾紛，不是一般調解員能夠勝任處理的。因此，一旦爭議當事人的爭議涉及一些專業範疇或知識的時候，調解員是否拒絕接受有關委任？還是冒險接受有關委任呢？不同的調解員擁有不同的經驗、經歷及專業知識，因為他們自身可能是工程師、會計師、律師，對某些涉及其專業範疇的糾紛，可以很有效率地了解問題的根源和協助爭議當事人解決糾紛。可是，調解員應當在接受有關委任前披露這些經歷及經驗，讓當事人參考決定是否聘用。擁有專業資格的調解員應當小心處理涉及專業範疇的糾紛，避免向爭議當事人提供專業意見而影響調解員的中立性。

中立

調解員來自不同背景，擁有不同的學歷、經歷、宗教信仰、文化背景，他們在協助爭議當事人尋求解決問題方案的整個過程中，難免會對案中的事物、當事人的行為，產生不同的感受和反應（雖然調解員是受過專業訓練，不會流露個人的喜惡等反應）。假若調解員感到不能繼續維持中立去協助處理有關衝突的時候，應當終止為爭議雙方提供調解服務。

自願

調解必須是當事人自願參與的，無論尋求調解的原因是出於爭議雙方當事人的意願、合約條款的規定或是被法庭頒令強制進行的，當事人均可在調解過程中離開談判桌，中止或終止調解。不論調解成功與否，雙方當事人必須坦承及盡力磋商，共同尋求解決爭議的和解方案。該和解方案必須是爭議雙方當事人的自願決定，任何人（包括調解員）均不得向他們施加壓力，迫使他們作出違心的決定或方案。

保密

調解是私人解決爭端的程序，與爭議無關的人員均不得參與（當事人允許除外）。因此，調解是有別於審訊，對外是非公開的（包括：調解程序的進行和調解所披露的資訊，但法律規定必須披露的除外），對內則限制調解員披露任何在單獨會議中，爭議一方所提供的資料（當事人允許除外）。除此以外，調解員還須告知當事人調解保密的權限，例如一些法律規定必須向有關當局通報的事項，包括策劃犯罪、虐待兒童罪行等。

自治

整個調解程序是由爭議當事人自主安排，而有關和解結果和內容也均是由他們自行決定；調解員的角色是中立的，主要的功能是協助及鼓勵爭議人進行協商談判並達到和解。因此，調解員是不可提供任何個人的主張或意見（包括專業意見），影響當事人的決定。除此以外，調解員還應當避免任何一方支配整個調解議程，阻撓其他爭議人作出任何決定。

知會同意（Informed Consent）

由於和解的結果是由爭議當事人自行決定的，所以調解員是有責任讓他們在獲得充分資料的情況下作出相關決定或知會同意。雖然調解員是不能向他們提供任何個人意見，但可以建議他們尋找相關資料的途徑，例如他們的律師意見。

對第三人的責任

很多爭議涉及第三人的利益（例如離婚案中所涉及的子女撫養權和贍養費的爭議問題），調解員在協助爭議雙方當事人進行協商談判時，應當平衡這些沒有參與調解的第三人的利益。雖然調解員是沒

有權力要求當事人維護第三人的合法權益，但調解員可以引導他們在
探討解決方案的過程中，一併考慮這方面的安排。

誠信

　　調解員的誠信非常重要。假如調解員沒有誠信，當事人是不會
願意參與調解的。誠信是指調解員嚴格遵守對爭議當事人所作的承
諾，尤其是保密承諾，這是非常重要的，否則爭議當事人的合法權益
會被損害。

第十八章

撰寫和解協議書技巧

　　和解協議書是一份法律文件，一旦爭議人達成協議後，調解員應立即以當事人的語言，把已達成的協議內容準確地記錄下來。和解協議應清晰而完整地記錄爭議人各方為了解決有關衝突而作出的承諾和責任，如實反映爭議雙方當事人的真實意願和如何處理他們未來的合作關係。因此，和解協議的內容，必須清晰、詳盡。調解員須使用簡單而易明的文字，清楚説明何人？在何時？承擔甚麼責任？如何執行？在何處執行？數量多少？此外，調解員還須按合約法的法律規定，協助爭議雙方當事人制定及草擬和解協議。

和解協議書應有的內容

　　調解員在協助爭議雙方當事人草擬和解協議書時，應當注意下列事項：

- 和解協議書開始的段落，須清楚列明調解會議舉行的日期和參與調解的爭議人；
- 假若有關爭議已經在法院立案，和解協議書則須包含撤訴或終止等條款；
- 假若有關爭議還未在法院立案，和解協議書則須説明爭議雙方不會運用調解內容於訴訟；
- 和解協議書須清楚説明，爭議人雙方簽署和解協議並不表示任何一人承認任何責任、錯誤、失當行為；

- 和解協議書可以說明該和解協議的內容條款，並不代表日後可作為援引先例用途或其他訴訟用途；
- 和解協議書應當加入使用調解解決爭議的條款，來解決任何在執行上所產生的未來爭議，包括：執行不當、拒絕執行等情況；
- 假若爭議一方是法人代表，必須在和解協議清楚訂明簽署人的身份及行為能力。
- 和解協議的內容，須使用簡潔、容易明白的詞句來草擬，盡量避免使用一些俚語、深奧難明或含糊不清的文字。例如：合理時間、適當分量等字眼；
- 必須核實當事人的名稱和身份；
- 和解協議記載的內容，包括所有將要發生的事情或執行日期、數量等，均須明確；
- 和解協議的內容須充分反映爭議雙方當事人的參與和意願。因此，調解員應當在草擬和解協議時，語氣不要給人感到爭議一方只有退讓和承擔所有責任的感覺。調解員可以在和解協議中，說明爭議各方均負有義務或列明爭議各方均須履行的義務；
- 調解員須使用客觀、中立的語句草擬和解協議書。因為調解不是審判，也不是判決誰是誰非，而是協助爭議雙方共同磋商解決爭議的方案，促進及維繫彼此的關係；
- 和解協議書是否滿足合約法的規範及要求；
- 和解協議書內的權利及義務是否合法，是否與公序良俗（public policy）或公共利益有所抵觸；
- 和解協議書內的權利及義務，爭議人雙方是否可以持久落實執行。

可行性現實測試

調解員在協助爭議雙方當事人草擬和解協議書時，應提醒他們再次複審協議內容，對和解條款進行現實測試，讓他們清楚了解自己能

否可以及有能力落實執行有關條款，避免理想與實際出現落差，並防止日後執行時產生不必要的糾紛。

調解員的專業背景廣泛，未必全部都曾接受法律專業訓練，懂得如何草擬合約文件。因此，非法律背景的調解員，在草擬和解協議書時應特別小心處理，必須按照當事人達成的意願草擬，不要遺留任何未決的爭議，否則將會在執行上產生困難，容易被捲入爭議人的訴訟內，或被爭議人控訴而負上法律責任。

調解員在完成草擬和解協議書後，應當加上「無損任何一方權益為前提」（without prejudice）這個聲明在協議書內，並建議爭議雙方當事人各自提交該和解協議書給他們的律師審核。審核無誤後，才可簽署正式和解協議，以保障爭議雙方當事人的合法權益。最後，再交由律師們把和解協議的內容製作同意傳票（consent summons），呈交有關法院審查其呈請內容的合法性。一旦法庭滿意有關呈請後，將會頒令執行。

總結

調解員協助爭議人制定及審議調解協議的工作，可以由下列流程說明：

1. 調解員應當首先與雙方爭議人制定爭議事項表及審議爭議事項的優先次序；
2. 按照爭議事項審議的優先次序討論及審議事項，共同協商，運用「腦力震盪」調解技巧，探索可行的解決問題和解方案，直至所有爭議事項完成探索為止；
3. 引導爭議人就每一項爭議事項，基於爭議人自身的情況，共同審核和解方案內容的優點、缺點、可行性、合法性、持久執行性和合理性；
4. 草擬和解協議書，向爭議人朗讀有關內容，如無異議，爭議人雙方簽署臨時和解協議書；
5. 感謝爭議人的積極參與，並建議爭議人提交草簽臨時和解協議書給他們的律師，制定正式和解協議書。

表 18.1：制訂及審議和解協議的流程

階段	調解員的工作	爭議人的工作
就每項爭議事項進行談判協商，直至所有爭議事項完成談判為止。	要求爭議人就每一爭議事項，提出一個公正的解決方案。	積極參與談判。
審核調解協議的內容及可行性。	協助爭議人專注各項和解方案的可行性及合法性。	基於自身的情況，討論各項和解方案的優點和缺點。
草擬及簽署調解協議書。	草擬協議書，朗讀有關內容及進行簽署儀式，終止調解程序，感謝爭議人的積極參與。	互相承認對方的需求及協議。

第十九章

撰寫和解協議書所涉及的相關法律

什麼是「和解協議書」?

根據法律規定,一個合約[1](contract)可以是一個協議,但一個協議並不等於一個合約。某些協議在法律上不會獲得承認或強制執行,因為這些協議缺乏一個或多個合約上所需的成分,例如:欠缺法律承認的權利和義務,像一個邀請別人晚飯的邀約,這個邀約協議不會獲得法庭強制執行。一份可執行的合約需要符合一定的格式及法律要求,法庭才會受理合約權利人的申請,強制違約方落實執行承諾。

民間和解協議書是一份私人合約或協議書(有別於法院主持的訴訟調解),由兩個或多個爭議人在調解員的協助及當事人自願的情況下,互相作出邀約及承諾執行或不執行某些行動。這些邀約及承諾,可包括一些合法權利及義務,例如:財產轉移或轉售、經協商談判後所共同制定的文件。和解協議書的內容,一般涉及金錢利益、勞務、權利及義務。這些權利和義務必須是合法的、受法律認可及保護和沒有違反公序良俗(public policy)。和解協議書的權利人可以根據已生效的協議書,行使這些權利及要求法庭(如有需要)強制對方落實執行。

由於民間和解協議書是一份法律文件,是一份私人合約,所以調解員在協助爭議雙方訂立調解協議書時,需要滿足法律法規的合約規

---

1. 「合約」又稱「合同」。中國內地普遍使用「合同」,而香港普遍使用「合約」。為了避免混淆,本書統一使用「合約」名詞。

範和要求，才可得到法律保護。因此，調解員必須對合約法有基本的知識，避免和解協議書失效或無法執行。為了避免爭議，調解員在協助爭議雙方訂立和解協議書時，應當建議爭議人將草擬的和解協議書轉交給他們聘請的律師，審查是否合乎合同法的規範及要求，以保障雙方的利益，確保有關和解協議書的內容條款，沒有因為違反法律或法規而無法執行。

什麼是合約？

根據法律規定：「合約是平等主體的自然人、法人、其他組織之間設立、變更、終止民事權利義務關係的協議。」[2] 可是，所有的民商活動涉及的範圍，是不適用於婚姻、收養、監護等有關身份關係的協議。因為，這些範疇是法院專屬管轄範疇。

因此，調解員處理的一般民商糾紛，是不包括婚姻、收養、監護等有關身份關係的糾紛，這些糾紛應當由接受家事調解訓練的家事調解員處理，並且把相關的和解協議呈交法庭審查，以頒令方式落實執行。

合約概念的適用範圍

從學術理論的角度來看，合約的適用範圍可以從廣義、一般和狹義的角度分析。

- 從廣義的角度來看，合約是確定權利義務關係的協議，包括民法中的合約、行政法上的行政合約，勞動法中的勞務合約和國際法上的國家合約等。即是說，任何確定權利義務關係的協議，都是合約。合約包括了所有法律部門中的合約關係，也包括了不同的權利、義務法律關係。
- 從一般的角度來看，合約只包括民事合約，即確立、變更、終止民事權利義務關係的協議。即是說，合約是民法上的

---

2. 《中華人民共和國合同法》第二條。

一切合約，包括所有涉及的債權債務、物權、身份等民事權利、義務關係的合約。

- 從狹義的角度來看，合約僅僅是發生債權債務關係的合約。即是說，任何非債權債務關係的合約，均不是民法上的合約。合約只涉及債權、債務等關係。

普通法和大陸法對合約（合同）概念的理解

普通法和大陸法倡議的合約（合同）概念是不同的。普通法主張「允諾說」，而大陸法主張「協議說」。

英美法認為合約就是一種允諾，根據美國《合同法重述》的定義，「合約是這樣一種或一系列允諾，違反它法律將給予救濟，履行它法律將以某種方式確認某種義務。」而英國《不列顛百科全書》的定義為「合約是可以依法執行的諾言。這個諾言可以是作為，也可以是不作為。」英美法系學者主張合約的本質不在於合意而是在於允諾。因此，一旦一方違反允諾時，另一方應當得到相應的補救。據此，合約法側重於當事人的允諾行為，並在此項義務的合約基礎上作出相應的合約強制執行救濟措施。

大陸法認為合約就是一種協議、一種契約，是一種關於在當事人之間設立民事權利或者民事義務的合意。根據《法國民法典》[3]第一百零一條的規定：「合約同為一種合意，依此合意，一人或數人對於其他一人或數人負擔給付、作為或不作為的債務。」同樣地，《中華人民共和國合同法》第二條的規定：「本法所稱合同是平等主體的自然人、法人、其他組織之間設立、變更、終止民事權利義務關係的協議。」《中華人民共和國民法通則》第八十五條卻明確規定：「合同是當事人之間設立、變更、終止民事關係的協議。依法成立的合同，受法律保護。」據此，大陸法均認定合約是一種協議。

---

3. 張長青、王霞，《合同法》(北京：清華大學出版社、北京大學出版社，2005)，頁1。

合約的法律特徵

　　合約有何特徵？根據《中華人民共和國合同法》第二條的規定，「合同 (合約) 是平等主體的自然人、法人、其他組織之間設立、變更、終止民事權利義務關係的一種民事法律協議。」

　　因此，合約是一種民事行為。合約的目的及內容是設立、變更或終止民事權利義務關係，而民商事合約只調整民事權利義務關係，包括財產關係，但不包括身份關係。合約涉及雙方或多方的民事行為，是當事人意思一致的表示。合約的當事人的法律地位均是平等的，他們之間的意思表示應當是一致的和具備了「合意」。合約的當事人的意思表示必須建立在自願的基礎上，合約是否締結應當由當事人自主決定，任何人均不得強制和干預。因此，合約是當事人協商一致的產物或意思表示一致的協議。合約涉及當事人的法律行為必須是合法行為。合約的內容只能發生在特定的定約主體之間。合約的內容具有相對性。

合約的種類

　　合約有不同的性質，我們可以從不同的角度進行分類。

　　從義務的角度來看，合約可分為雙務合約和單務合約。雙務合約是指雙方當事人互負對待給付義務的合約。即是，合約一方當事人的權利就是合約相對方當事人的義務。而單務合約是合約一方當事人履行義務的合約。即是，合約一方當事人只承擔義務而不享有權利，而合約另一方當事人只享有權利而不承擔義務。典型的例子是贈與合約。單務合約不能適用同時履行抗辯權。

　　從成立形式角度來看，合約可分為實踐合約和諾成合約。實踐合約，是指除當事人雙方意思表示一致以外，尚須交付標的物才能成立的合約，才能產生法律效果，例如：如定金合約、保管合約等。而諾成合約，是指當事人一方的意思表示一旦經對方同意即能產生法律效果的合約，即是當事人雙方意思表示一致，合約即告成立。

　　從法律規定要求特定形式的角度來看，合約可分為要式合約和不要式合約。要式合約，是指法律規定或當事人約定必須採取特殊形

式訂立的合約。而不要式合約，則是指依法無需採取特定形式訂立
的合約。

由從屬關係的角度來看，合約可分為主合約和從合約。主合
約，是指不依賴其他合約而能獨立存在的合約。從合約，是指以其
他合約的存在為存在前提的合約，又稱為附屬合約或附屬合約。由
於從合約以主合約的存在為前提，所以主合約發生法律意義上的變化
時，從合約也隨主合約的變化而改變。抵押合約、質押合約、保證
合約、定金合約與被擔保合約之間的關係，就是主從合約關係。其
中，抵押合約等是從合約，被擔保的合約為主合約。

從是否涉及代價的角度來看，合約可分為有償合約與無償合約。
有償合約，是指當事人一方在享有合約規定的權益，必須向對方當事
人償付相應代價的合約。買賣、租賃、保險等合約是其典型。有償
合約的雙方當事人均有給付財產的義務。有償合約當事人均需承擔
故意和一切過失的負責。訂立有償合約的當事人應當是具有完全民
事行為能力人，限制行為能力人非經其法定代理人同意不得訂立重大
的有償合約。

從約定的給付條件的發生與否的角度來看，合約可分為確定合約
與射幸合約。確定合約，又稱實定合約，是指合約的給付內容和範
圍，在合約成立時已經確定了。一般的民商合約均為確定合約。確
定合約一般是等價有償，不可顯失公平，否則會影響合約的效力，尤
其是那些顯失公平的合約，均可因違背公序良俗而被認定無效。而
射幸合約（機會合約），是指給付的內容和範圍在合約成立時尚不確
定，其確定的給付內容和範圍是取決於合約成立後是否發生偶然事件
的合約。保險合約、抽獎合約、博彩合約都是射幸合約。

從法律效力的角度來看，合約可以分為有效合約、無效合約、可
使無效合約，以及不能執行的合約、不合法的合約。

有效合約

一份有效合約必須滿足相關合約法的法律要求，方可成為一份有
法律效力的合約。否則，該合約將會因缺乏這些重要元素或是違反
相關的法律規定而失效，或是可使無效而無法落實執行。有關這方

面的具體情況，可參考《中華人民共和國合同法》第十二條內容的規
定和普通法的合同法規定的各種要求。

無效合約 [4]

　　無效合約是一個對合約雙方沒有約束力的合約。即是説，這個
合約沒有產生任何法律相對應的權利或義務。因為這個合約或協議
很明顯不受法律保障，當合約雙方進入這個無效合約，不會獲法庭強
制對方執行合約內容或強迫對方履行合約內容。例如：當一個已婚
人士向未婚一方承諾與他結婚，而未婚的一方知道這個承諾人是已婚
的，根據《香港婚姻條例》及中國《婚姻法》，這個協議或合約違反法
律及公序良俗或公共政策，因此亦不會應未婚一方的要求而強制已婚
一方履行承諾。請注意，在法律上無效合約並不一定等於不合法的
合約。同樣，一份無效調解協議亦不會獲法庭強制對方執行合約內
容或強迫對方履行協議的內容。

可使無效合約

　　可使無效合約指一個可以落實執行的合約，因某種法定原因，
給予某方爭議人一個選擇是否落實執行的權利。這個爭議當事人（若
願意）可以選擇終止或要求對方與他繼續完成這個合約。若爭議人選
擇繼續執行這個合約，他可以向法庭申請協助，強制對方繼續履行
及完成整個合約。例如：當一個人被人蒙騙而與對方簽署合約，該
合約方有權選擇繼續與對方共同執行有關合約，或撤銷這份合約。
同樣，一份可使無效調解協議，在呈交法庭審核時，法庭將會考慮爭
議人的意願及其他因素（例如：子女的利益），一併作出恰當公平的
判決。

---

4. 《中華人民共和國合同法》，第五十六條。

不能執行的合約

　　不能執行的合約或協議是指一個合約或協議，從文件表面上來看是一份可以執行的合約，但基於某種法律技術上的缺陷，而不能獲法庭的協助，強制合約方落實執行。例如：一個未支付印花稅的租賃合約，而這個合約在法律上受到有關印花稅條例的管轄而須繳付有關印花稅。這個缺陷使租賃合約在法律上不受保障和執行。租約沒有支付印花稅款，法院不會受理有關的租務糾紛案件。當有關稅款及相關罰款支付後，該合約便會立刻繼續生效，及受到法律保障。

不合法的合約 [5]

　　不合法的合約是指合約中某些內容涉及違法行為或違反公序良俗或公共利益或政策，[6] 這個合約在法律上將不會獲承認或保障。例如：一個涉及以金錢收買別人性命的合約，不會獲得法庭承認及強制違約一方執行合約條款所指定的責任。

合同法的基本原則

　　香港的普通法與《中華人民共和國合同法》的基本原則是相同的，貫穿立法、司法與當事人的合約活動，所有的民商合約均應遵守以下的原則：

(一) 平等原則 [7]

- 締約合約的各方當事人的人格是平等的。
- 締約合約各方當事人的法律地位均是平等的。
- 締約合約的一方不得將自己的意志強加予締約合約的另一方。

---

5. 《中華人民共和國合同法》，第七條。
6. 《中華人民共和國合同法》，第五十二條。
7. 《中華人民共和國合同法》第三條、第四條、第五條、第六條、第七條、第八條。

(二) 當事人自願訂立合約原則

- 締約合約的各方當事人必須是自願和可以自由地參與。
- 選擇締約的相對人必須是自願和可以自由地參與。
- 締約合約的各方當事人必須是自願和可以自由地決定合約的內容。
- 締約合約的各方當事人必須是自願和可以自由地變更和解除合約。
- 締約合約的各方當事人必須是自願和可以自由地選擇合約的方式。

可是，上述的合約自願（自由）原則，在現實的民商活動往往受到政府的政策、計劃和法律法規的限制。任何的合約均不得違反法律或公序良俗。

(三) 公平原則

- 締約合約的各方當事人的法律地位均是平等的。
- 締約合約的各方當事人的權利、義務必須對等。

即是締約合約的當事人，在訂立合約時，不得強迫他方當事人接受。當合約成立後，締約合約的各方當事人均受合約的約束，任何一方當事人均不享有超越合約內容的特權。一旦合約發生糾紛，締約合約的各方當事人均可得到法律平等的保護。締約合約的任何一方沒有處罰或者懲罰另一方當事人的權利，自力救濟僅限於違約的後果。未違約的一方當事人可向法院提起訴訟尋求救濟。

(四) 誠實信用原則

誠信是民商活動的基本原則和基石，任何民事主體在從事民商事活動的時候，應當誠實守信，以善意的方式行使其權利，履行其義務，不得有欺詐行為。

(五) 遵守法律，尊重社會公序良俗原則

　　何為公序良俗？法律上並沒有明確的定義。公序良俗可以是指與社會公共利益有關的社會秩序和社會公認的、良好的道德準則和風俗，包括經濟秩序、政治秩序、生活秩序、社會公德、商業道德、良好風尚等範疇。

　　《中華人民共和國民法通則》第七條規定：「民事活動應當尊重社會公德，不得損害社會公共利益，擾亂社會經濟秩序。」《中華人民共和國合同法》第七條也規定：「當事人訂立、履行合約，應當遵守法律、行政法規，尊重社會公德，不得擾亂社會經濟秩序，損害社會公共利益。」因此，社會公共利益和社會經濟秩序可以說就是公序，而社會公德則是良俗的集中體現。[8]

　　因此，公序良俗原則是對私法自治的一種限制，是法律為民事主體行為自由劃定的紅線，任何合約內容違反公序良俗，即使法律對該行為未作明確的禁止性規定，也可以認定其無效。在決定某一行為是否違反公序良俗，法院必須綜合考慮行為的內容及目的、行為成立時的客觀環境、當事人的主觀動機等因素。

(六) 依法成立的合約具有法律的約束力原則

　　所有商業交易行為，一般都會假定立約雙方均有意訂立具法律約束力的合約。如果立約雙方表明合約不具法律效力，則上述之假定便不會成立。例如：合約附有「以簽訂的合約為依據」（subject to contract）[9]或與此類似的字眼，則該合約文件並非一份正式合約，受到另外一份合約所規範，代表雙方當事人正在磋商。在正式合約訂立前，雙方當事人可隨時終止商談的過程。一旦出現糾紛，提出索償的一方須舉證證明雙方在簽署該合約時，是有意訂立具法律約束力的文件。

8.　http://theory.people.com.cn/BIG5/n1/2016/0328/c40531-28230903.html

9.　https://www.clic.org.hk/tc/topics/businessAndCommerce/setting_up_business_in_Hong_Kong/making_a_business_contract/q1.shtml

合約（合同）的形式

一般來說，一個合約並不需要將所有條文寫在紙上，口頭協議也可以是一個有效的合約，並受到法律的承認及保護。可是，有些合約必須以文字記錄所有權利及義務，並且以特別格式和行為進行，才會正式生效。例如：契約文件或已支付印花稅的租約。否則，這些文件會被視為無效或未生效。

民間調解協議書因某些協議內容涉及公序良俗的規範（子女的照顧、管束、管養及探視權利），必須以文書形式記錄所有權利及義務，並且需要尋求家事法庭的審批及接納，按爭議雙方同意的調解協議書的內容制定有關法令，才可以正式生效及有強制力。

合約所需的重要成分

為了確定調解協議的權利及義務可以順利執行，並且受到法律的保障及獲得法庭的協助強制執行，在中國，民商合約應當包含《中華人民共和國合同法》第十二條規定的內容：

合約的內容由當事人約定，應當包括以下條款內容：

（一）當事人的名稱或者姓名和住所（締約合約的當事人主體的基本情況）；

（二）標的（是什麼物、行為、成果）；

（三）數量（多少、面積、容積、長度、體積）；

（四）品質（好壞、標準）；

（五）價款或者報酬（金錢、物、行為、不作為）；

（六）履行期限、地點和方式；

（七）違約責任；

（八）解決爭議的方法（調解、仲裁、訴訟）。

而在香港，這個合約或民間調解協議需要擁有下列重要成分：

- 合約邀約人願意與承諾一方或多方參與人產生或建立一個法律承認的合約關係；

- 合約邀約一方向對方提出邀約（offer），而對方願意承諾（acceptance）這個邀約或簡稱「承諾」；[10]
- 合約內牽涉一個代價（consideration），而這個代價不一定是充分相對應的；
- 合約內的邀約人及承諾人必須擁有行為能力或法人代表的能力及地位（legal capacity）；[11]
- 合約內的邀約人及承諾人顯露一個確實的意願或同意（genuine consent）；[12]
- 合約內的邀約人及承諾人均是願意與對方建立法律關係（intention to enter a legal relationship）；
- 合約內容所牽涉的權利及義務是合法的或受法律承認的，沒有抵觸公序良俗或公共政策的（legality）。[13]

當事人可以參照各類合約的示範文本訂立合約。

同樣，和解協議書的條款也可參照法以上各項。

在一般的情況下，一份合約文件會由邀約方向邀約對象發出邀約文件，邀請邀約對象審閱文件，當承諾方審閱文件及詳細考慮邀約方的承諾代價後，向邀約方發出承諾的意願訊息及有關承諾文件後，合約才會正式生效。所以，根據普通法的法律規範，合約雙方的意願一定是要誠懇的、真實的，否則該份合約可能無效。

邀約和承諾

邀約和承諾是第二個重要的合約元素，因為在制定合約時，需要由合約邀約方向邀約對象發出邀約（offer），當這個邀約被邀約對象所接納，並向邀約方發出承諾（acceptance）通知，同意及接受邀約方邀約內的所有條款，合約便會正式生效。可是很多時邀約和承諾是不清晰、不明顯的，尤其是很多商業活動十分複雜，往往會牽涉很多

10.《中華人民共和國合同法》，第十三條。
11.《中華人民共和國合同法》，第九條。
12.《中華人民共和國合同法》，第十四條。
13.《中華人民共和國合同法》，第五十二條。

協商及討論，引發很多邀約和反邀約（counter offer）。[14] 若爭拗牽涉到一個合約的存在，法庭將會分析有關證據，例如：在協商期間內，是否有證據證明邀約方曾向承諾方發出邀約，而這個邀約獲得對方所接納，並及時發出承諾通知給邀約方。因為一個正常人不會胡亂與別人達成任何協議，除非這個意願先獲得雙方同意。

所以，一份調解協議書和其他合約一樣，必須含有下列元素：

1. 至少牽涉兩個或多個自然人或法人；
2. 由邀約方向邀約對象提出邀約；
3. 邀約方需要承諾方同意接受及願意履行邀約方所提出的邀約條款；
4. 承諾方及時通知邀約方承諾的意願；
5. 該協議合約是有代價的（蓋印契約除外）。

什麼是邀約？

邀約（offer）是一個建議，由邀約方向邀約對象提出這個建議，希望與對方建立一個獲法律承認及保障的合約關係。這個邀約可以文字、口頭或隱含行為確立。[15]

邀約人與邀約對象建立獲法律承認及保障的合約關係前，一定要讓邀約對象知道邀約的存在，這個邀約才會生效。若這個邀約未獲邀約對象知悉，而剛巧對方已經展開一些行為，並獲得服務或利益，這並不代表他們已經有一個合約存在。

同樣，調解協議也是一樣，邀約人一方也是需要向對方發出邀約，經雙方友好協商討論、討價還價後，承諾方才可向邀約方發出承諾通知，達成調解協議。

---

14. 《中華人民共和國合同法》，第三十條。
15. 《中華人民共和國合同法》，第十條。

邀約的形式

邀約人可選擇不同的邀約形式，向邀約對象發出邀約，包括以下一些常見的邀約形式：

1. 邀約方向邀約對象作出承諾或簡單的允許。例如：甲向乙作出承諾，將會無償給予乙一部汽車，而乙接納這個承諾。為了使這個承諾可以獲得執行，這個承諾一定要加上印鑑（seal）方可生效；

2. 邀約方向邀約對象作出承諾，以換取邀約對象按邀約人的要求作出一些行為。例如：甲向乙作出邀約承諾，若能為甲尋回遺失的錢包，甲便會給予乙報酬；

3. 邀約方向邀約對象作出承諾，以換取邀約對象的一個承諾。例如：甲向乙承諾會遷出婚姻居所，若乙承諾會在三十天內支付一筆現金給甲；

4. 邀約方以一個行動承諾換取邀約對象的一個承諾，例如：一個工程在某君的物業上進行但未與某君作出事先安排，因此，某君可以選擇通知他停止或容許繼續進行並支付有關合理費用。

同樣，爭議雙方在調解協商談判過程中，會不斷用以上各種形式互相向對方發出邀約，一起進行協商討論，直至達到目的為止。

邀約的規則

根據普通法及其他案例的指引，邀約方需要遵守以下規範，以免邀約失效，影響整個協議不能生效，無法落實執行：

1. 一個邀約可以向一個或多個邀約對象提出。例如：一個父親向子女們發出邀約；

2. 這個邀約必須能夠通知邀約對象；

3. 一定要讓邀約對象清楚知道邀約的所有內容及條款。例如：乾洗衣服票據背後的有關規條，若沒有使消費者知道它的存

在，這個邀約條文內的限制，便會給法庭裁定無效（*Causer v Browne* (1952) VLR 1）；

4. 邀約方可訂立一些條款限制或形式並要求邀約對象接納及遵守（例如：要求對方以傳真回覆）。承諾人若要使這個合約生效，需要按邀約人指定的限制或形式回覆邀約方；

5. 所有邀約是可以撤銷的，只要邀約方在承諾方作出承諾前，通知邀約對象有關邀約已被撤銷；

6. 邀約可以在特定時間內廢止。若邀約方沒有制定時間的規限，法庭就會按個別的情況，釐定一個合理的時間準則。

撤回、撤銷邀約

邀約方可在任何時間撤回邀約，[16] 只要撤回邀約的通知先於邀約到達受邀約人，或者與邀約同時到達受邀約人。同時，邀約方可以撤銷邀約，[17] 只要撤銷邀約的通知在受邀約人發出承諾通知之前到達受邀約人（調解協議爭議人可以在對方同意接納前撤回、撤銷有關條款）。同樣，在整個調解的過程中，爭議人可以設定邀約內容、限制及邀約生效期等條款，向邀約對象發出、撤回、撤銷有關邀約。

承諾 [18]

任何合約或協議，都需要由雙方確立。一般是由邀約方向邀約對象提出要求執行某些行動，並答應若對方能完成執行這個行動，承諾會向對方作出回饋或代價。當承諾方同意接受邀約方的要求，並通知邀約方，承諾在邀約方指定的時間內，完成執行有關的要求，這個合約便會正式成立，這個合約是雙向的。但有些合約是單向的，例如：由邀約方向全世界作出一個公開的承諾，若任何人能完成他所開出的要求或條件，承諾會作出有關的回饋，若某人完成這個承諾人所開出的要求，這個合約便會完成。例如：警方向公眾發出的懸紅

---

16. 《中華人民共和國合同法》，第十七條。
17. 《中華人民共和國合同法》，第十八條。
18. 《中華人民共和國合同法》，第二十一條。

獎金，而市民因應這邀約（即懸紅）而協助警方破案，從而獲得懸紅獎金。

邀約只可以由邀約方所指定的邀約對象所接納，但亦可以同時讓多過個邀約對象接納，只要承諾方按邀約人提出邀約時的意願及規定進行承諾，合約便會生效及有約束力。承諾的形式只可以由邀約方設定，若沒有特定的承諾形式，可按當時情況而釐定。同樣，調解協議亦需要爭議雙方承諾遵守雙方所提出的邀約，方能生效。

承諾需要通知邀約人

承諾方決定接納有關邀約人的邀約，要按邀約人指定的通知模式，以口頭、文字、行為等方法通知邀約方。可是，承諾可撤回，只要撤回承諾的通知在承諾通知到達邀約人之前或者與承諾通知同時到達邀約人。[19]

有關接納邀約的規則

按合約法的規定及司法指引，承諾人需要遵守以下規範：

1. 若邀約方指定承諾方要以一個指定方式來表達承諾意願，承諾方需要按其指定方式通知邀約方。承諾的意願可以通過口頭、文字、行為等模式進行，通知邀約方。承諾方以默示方式表示接納邀約方的邀約意願是無效的；

2. 若邀約方指定承諾方法，是以行動作為的方式來表達有關意願，這個承諾是不需要通知邀約方的，除非邀約方的邀約條文內有特別的規定；

3. 承諾人向邀約人發出的承諾意願通知，必須是無附帶任何條件的，否則，這個有附帶條件的接納意願會被視為反邀約（counter offer），使原來邀約方發出的邀約無效；

4. 承諾的意願通知方式，是需要按照邀約方的規定方式進行，否則該承諾通知會無效，合約不會生效；

19.《中華人民共和國合同法》，第二十七條。

5. 承諾的意願只可以由承諾方向邀約方提出；
6. 有關邀約的存在，要由邀約方通知承諾方。

合約代價的形式

第三個重要的合約元素，就是需要邀約方支付或獲得有關履行合約承諾的代價。一個協議若不涉及任何代價，這個協議便會因缺乏代價而不能成為一個有效的合約，只能被視為一個日常社交活動。例如：丈夫邀請太太去看音樂會，而太太失約，使丈夫損失金錢，法庭不會受理丈夫提起的訴訟或協助他強制太太與他一起參與有關活動。

根據普通法的規定，為了使送贈者遵守其移贈禮物的承諾，送贈者與受贈者需要以蓋印契約（deed）及特定法律形式確立，方能免除合約代價的存在。例如：一個丈夫想贈送他名下的一個物業給太太，太太在接受這禮物時沒有付出任何代價，若這個物業的饋贈不是以契約的形式進行，這個物業的饋贈便不受法律的保障和確認。

合約代價的定義

什麼是「合約代價」？根據著名的 *Currie v Misa* (1875) LR 10 Ex 162 一案，法官將「合約代價」解釋為：

> 一個有價值的合約代價，在法律上可以包含一些權利、利益、利潤或一些得益給予合約一方，或一些禁制、傷害、損失、或負上或承擔他人給予的責任。

因此，在調解過程中，爭議雙方當事人可以把婚姻資產、股票權利、債權等合法權益作為合約代價。

合約代價的重要法則

根據普通法的合同法，任何合約均須有代價，除了蓋印合約（under seal）外，合約代價需要遵守以下法則：

1. 任何一個合約，必須有合約的代價成分存在；
2. 法庭不會理會合約代價是否充分對應或合理；
3. 有關合約的代價不能違法、不合法及不能與公序良俗或公共利益有所抵觸；
4. 合約代價必須是清晰的；
5. 合約代價必須涉及現在的或將來的代價；
6. 合約代價必須是可以執行的；
7. 若承諾人承諾採取、或被禁止採取一些行為作為合約代價，以換取某些利益，若這些行為是他職責範圍內應做的、或被禁止進行的，法庭便會視這些合約代價不存在，使該合約失效。例如：警方向公眾人士發出的懸紅獎賞，當一位警員緝拿兇徒歸案後，這位警員不得獲發懸紅獎金，因捉拿兇徒歸案是他的職責。

同樣，調解協議亦需要有代價的存在，例如：賠償金額、終止繼續進行訴訟等。法庭另行頒令者除外。

合約雙方當事人的法定能力和行為能力 [20]

第四個重要的元素，就是合約雙方當事人是否擁有法律認可簽約的權力或行為能力，能夠與他人進入或建立一個有效的合約關係？因為不是所有人（包括自然人、法人）[21] 都有行為能力或法定的權力與他人簽署合約或協議。

根據《中華人民共和國合同法》第九條第一款的規定：「當事人訂立合約，應當具有相應的民事權利能力和民事行為能力。」

公民和法人的民事權利能力

民事權利能力是合約的參與人（自然人或法人）依法享有民事權利、承擔民事義務的資格。自然人（公民）的民事權利能力始於公民

20.《中華人民共和國合同法》，第九條。
21.《中華人民共和國合同法》，第二條。

出生，終於公民死亡，他們的民事權利能力在法律上是平等的。而法人的民事權利能力是指法人依法享有民事權利和承擔民事義務的資格。法人的民事權利能力，是從法人成立並依法成立及履行登記手續時產生，直到法人被撤銷、解散或被公告破產時消滅。[22] 法人的民事權利能力是直接受法律、法規、法人章程細則的限制，其民事活動不能超出法人的業務範圍。

民事行為能力是指自然人（公民）或法人自己參與民事活動，而依法取得民事權利和承擔民事義務的資格。根據《民法通則》和最高人民法院的司法解釋，自然人（公民）的民事行為能力可分為：

1. **完全民事行為能力。**指自然人（公民）能夠獨立地進行民事活動，以自己的勞動、行為來取得民事權利和承擔民事義務。《民法通則》第十一條規定：「十八周歲以上的成年人」或「十六周歲以上不滿十八周歲的公民，以自己的勞動收入為主要生活來源，具有完全民事行為能力，可以獨立進行民事活動。」其中「以自己的勞動收入為主要生活來源」是指「能夠以自己勞動取得固定收入或較穩定收入，並能以此維持當地公民的一般生活水平」。[23] 在香港，年滿十八歲以上的自然人，在法律上擁有完全民事行為能力，可以獨立地進行民事活動，以自己的勞動、行為來取得民事權利和承擔民事義務。

2. **限制民事行為能力。**是指自然人（公民）不具有完全民事行為能力，只有部分民事行為能力。限制民事行為能力人可以進行「與其年齡、智力及精神狀況相適應」[24] 的民事活動，「其他民事活動由他的法定代理人代理，或者徵得法定代理人的同意。」[25] 根據《民法通則》第十一條、第十二條的規定：「限制民事行為能力人為十周歲以上的未成年人」和「不能完全辨認自己行為的精神病人。」除上述可進行

---

22. 《民法通則》第三十六條。

23. 最高人民法院關於貫徹執行《中華人民共和國民法通則》若干問題的意見（試行）第二條，1998年1月26日最高人民法院審判委員會討論通過。1998年4月2日發佈施行。

24. 最高人民法院關於貫徹執行《中華人民共和國民法通則》若干問題的意見（試行）第三條，1998年1月26日最高人民法院審判委員會討論通過。1998年4月2日發佈施行。

25. 《民法通則》第十二條。

的簡單民事活動外，限制民事行為能力人還可以「接受獎勵、贈與、報酬」[26] 等單純接受利益的行為。

　　根據香港法律，未成年人是指年紀未滿十八歲的年輕人，他們的行為能力會按他們的年齡及相應的行為，有不同的效力。他們所簽署的合約，其法律效力可被視為下列各類：

(1) 有效的，例如：一份學徒合約；

(2) 可使無效的，例如：購買昂貴的金鑽手錶 (見前文)；

(3) 無效的，例如：簽署出任公司董事文件，需要由他的法定代理人 (例如：父母親、監護人) 代理，或者徵得法定代理人的同意。

　　3. 無民事行為能力。指自然人 (公民) 不能以自己的行為取得民事權利、承擔民事義務。無民事行為能力人的民事活動，「由其法定代理人代理」。[27] 無民事行為能力人有兩種：不滿十周歲的未成年人[28] 和不能完全辨認自己行為的精神病人。[29] 在香港，一個精神病患者所簽署的合約，基本上會獲得法庭承認。但是，若這個精神病患者能夠證明在簽約的時候，他因精神病發作，不能完全辨認自己的行為，不知道自己在做什麼，而對方知道該精神病患簽約時的精神狀態不能完全辨認自己的行為，這個協議便會因缺乏認知能力而無效。因此，調解員在調解開始進行時，應該查核參與人的行為能力或法人民事權利能力，以免所簽署的調解協議因缺乏行為能力而無效。

法人的民事行為能力

　　法人的民事行為能力是指法人以自己的行為參與民事活動，依法取得民事權利和承擔民事義務的資格。法人的民事行為能力通過其

---

26. 最高人民法院關於貫徹執行《中華人民共和國民法通則》若干問題的意見 (試行) 第六條，1998 年 1 月 26 日最高人民法院審判委員會討論通過。1998 年 4 月 2 日發佈施行。

27.《民法通則》第十三條。

28.《民法通則》第十二條。

29.《民法通則》第十三條。

法定代表人 [30] 或代理人得以實現。因此，在中國和香港，任何法人法定代表人或代理人參與重要的商業活動，必須依照公司章程的規定進行。

由此可見，普通法或大陸法對公民的民事權利能力和行為能力有特別規定，這些規定將會直接影響合約的合法性和執行能力，調解員應當小心處理。調解員在調解開始前，應該查核參與人的行為能力，他們是否有權參與調解及有權簽署調解協議，並且要求法定代表人或代理人提交有效的授權書，授權法定代表人或代理人有權代表法人參與調解和簽署和解協議書，以免在完成整個調解過程後，才發現爭議一方無權簽署調解協議或作任何決定，需要請示上司，使調解最終失敗而浪費時間及金錢。

簽約雙方有意願與對方建立法律關係

在一般的情況下，一份合約文件會由邀約方向邀約對象發出邀約文件，邀請邀約對象審閱文件，當承諾方審閱文件及詳細考慮邀約方的承諾代價後，向邀約方發出承諾的意願訊息及有關承諾文件後，合約才會正式生效。所以，根據普通法的法律規範，合約雙方的意願一定是要誠懇的、真實的，否則該份合約可能無效。若使用誤導或含有欺詐成分的失實陳述、錯誤事實，或威脅手段，迫使或誘使對方與其建立合約，這個合約便會因缺乏當事人真正的意願而無效。

因此，調解員在協助爭議雙方進行協商談判時，應當強調雙方不可使用誤導或含有欺詐成分的失實陳述、錯誤事實，或威脅手段，迫使或誘使對方作出妥協、讓步或同意簽署有關調解協議，否則，該調解協議可被法庭撤銷。

失實陳述

若這個錯誤是由一方發出有欺詐成分的失實陳述（fraudulent misrepresentation），使另一方因這個陳述而進入合約關係，被誤導的一方有權取消有關合約及/或向對方追討有關損失。因為在法律上

30.《民法通則》第三十八條。

他們沒有真正共同建立合約關係的意願。根據 *Derry v Peek* (1889) 14 App Cas 337 一案中的法官指出，若某方發出有關聲明，而他知道這個聲明是失實的，或他不相信這聲明是正確的、或胡亂（不理是對的或是錯的）發表這個聲明，這個聲明便是一個欺詐失實的陳述。在 *Peek v Gurney* (1873) LR 6 HL 377 一案中，法官亦曾指出：若某人發表一個聲明，而部分重要或有關資料，並沒有包含在這個聲明內，使聲明的內容失實或不正確，這個行為便是欺詐行為。

同樣，若爭議人一方以失實陳述欺詐手段而達到和解，這個調解協議便有可能會因此而失效。

若爭議人希望推翻有關調解協議，並且以欺詐理由作為訴訟的理據，訴訟申請人必須向法庭舉證，滿足下列的六種元素：

1. 有關聲明是其中一個事實；
2. 這聲明一定是錯誤的、不正確的；
3. 已發出這個聲明的爭議人，知道他所發出的聲明是不正確的，或不相信聲明的內容是正確的，或不理會所發出的聲明是對的還是錯誤的；
4. 發表這個聲明的爭議人，有意使與他簽署約的另一方，基於他所發出的聲明而採取有關行動；
5. 被誤導的一方，因這個聲明採取有關行動；
6. 訴訟人提出有關訴訟，一定要因這個失實的聲明而蒙受損失。

同樣，若爭議一方在進行調解中，提供失實陳述資料，錯誤引導爭議另一方作出錯誤決定而達到和解，這個調解協議便會無效，所以調解員需要提醒雙方爭議人，在進行調解時，需要提供真實正確的資料。

脅迫[31]

根據香港及中國法律，任何合約以脅迫、威嚇手段，迫使合約一方當事人與其簽署確立的合約，會被視為無效合約，因為該合約缺乏

31.《中華人民共和國合同法》，第五十二條，第一款。

合約當事人的真實意願。脅迫手段可以是以實施或恐嚇使用武力、或禁錮合約的另一方或他的近親或親戚、或以其他人士代其執行上述行為的方式，進行威嚇及迫逼。

因此調解員與雙方爭議人進行調解時，應當特別注意有關爭議人是否受到威嚇。同時，調解員應當向雙方爭議人強調，任何一方以威嚇手段強迫對方作出妥協，與其簽訂調解協議，該協議會因缺乏合約方的真實意願而被視為無效。

合約成立的地點和管轄權

合約成立的地點是十分重要的，往往會影響合約的管轄權。因此，合約各方當事人在擬訂合約時應當小心處理。合約成立的地點如何釐定？我們可以參照《中華人民共和國合同法》第三十四條、第三十五條的規定來釐定。根據第三十四條的規定：「承諾生效的地點為合約成立的地點。採用資料電文形式訂立合約的，收件人的主營業地為合約成立的地點；沒有主營業地的，其經常居住地為合約成立的地點。當事人另有約定的，按照其約定。」第三十五條的規定是：「當事人採用合約書形式訂立合約的，雙方當事人簽字或者蓋章的地點為合約成立的地點。」同樣，和解協議書的簽署地或締約各方當事人指定的法院有管轄權。

合約的生效時間、期限

合約何時生效？一般的民商合約自成立時生效，除法律、行政法規另有規定應當辦理批准、登記等手續生效外，依照其規定辦理成立。例如香港的房地產買賣合約，需要辦理登記等手續。[32]

此外，締約合約的當事人可以對合約的效力約定加附生效或解除條件。附生效條件的合約，自條件成就時生效。附解除條件的合約，自條件成就時失效。根據《中華人民共和國合同法》第四十五條的規定「當事人對合約的效力可以約定附條件。附生效條件的合約，

32.《中華人民共和國合同法》第四十四條。

自條件成就時生效。附解除條件的合約，自條件成就時失效。當事人為自己的利益不正當地阻止條件成就的，視為條件已成就；不正當地促成條件成就的，視為條件不成就。」

合約效力的期限，可以由締約合約的當事人約定。附生效期限的合約，自期限屆至時生效。附終止期限的合約，自期限屆滿時失效。[33]

此外，在國內任何合約內容違反《中華人民共和國合同法》第五十二條的，有關合約將會無效。《中華人民共和國合同法》第五十二條規定「（一）一方以欺詐、脅迫的手段訂立合約，損害國家利益；（二）惡意串通，損害國家、集體或者第三人利益；（三）以合法形式掩蓋非法目的；（四）損害社會公共利益；（五）違反法律、行政法規的強制性規定。」調解員在草擬涉及中港兩地爭議的和解協議書時，應當小心處理。

合約的終止

一旦有下列情形之一的，合約的權利義務則會自動終止：[34]

（一）債務已經按照約定履行；

（二）合約解除；

（三）債務相互抵銷；

（四）債務人依法將標的物提存；

（五）債權人免除債務；

（六）債權債務同歸於一人；

（七）法律規定或者當事人約定終止的其他情形。

33.《中華人民共和國合同法》第四十六條。

34.《中華人民共和國合同法》第九十一條。

第二十章

道歉與道歉條例

道歉的涵義

什麼是道歉？「道歉」（apology）一詞有很多涵義，一般指「以『對不起』文字或言語為一些做錯了的事情或這些事情已經引發麻煩而作出的表示。」[1] 英文字典 *The Shorter Oxford English Dictionary*[2] 則界定道歉為「以補償行為及坦承的態度去承認過錯或缺失；（言語）說明及表示（自己）是無意冒犯對方，並就任何冒犯或令對方感到冒犯（的行為）表示遺憾。」

學者 Aviva Orenstein[3] 認為道歉的涵義應當包含：

1. 承認受害者蒙受的委屈是合理的，並表示確認有關的規則或道德規範已經被侵犯；
2. 說明過錯的具體性質；
3. 對所造成的損害表示理解；
4. 承認有關過錯的責任；
5. 對所造成的損害表示真誠的遺憾和懊悔；

---

1. 《牛津高階英漢雙解詞典》https://dictionary.cambridge.org/zht/%E8%A9%9E%E5%85%B8/%E8%8B%B1%E8%AA%9E-%E6%BC%A2%E8%AA%9E-%E7%B9%81%E9%AB%94/apology。
2. The *Shorter Oxford English Dictionary*, 5th ed.（牛津大學出版社）https://www.oxfordlearnersdictionaries.com/definition/english/apology?q=apology
3. Aviva Orenstein, "Apology Expected: Incorporating a Feminist Analysis into Evidence Policy Where You Would Least Expect It," *Sw UL Rev.* 28 (1999): 221, 239.

6. 對未來彼此之間的良好關係表示關切；
7. 承諾以後不會作出這些行為；
8. 向受害者作出賠償。

　　根據《道歉條例》第六三一章第四條，「道歉」的法律涵義是指某人就某事宜方面的過失或法律責任表達歉意、懊悔、遺憾、同情或善意。「道歉」是可以口頭或書面形式或藉行為（包括以明示或默示的方式）作出。

調解中常見的道歉種類

1. **策略性道歉**。這類道歉十分普遍，目的是嘗試以道歉修辭與對方建立關係，期望達到影響對手的行為和決定為止。這類道歉基本上是競爭性的，而不是妥協性的，聆聽者往往感到對方缺乏誠意。比如：加害者説：「對不起，但是我並沒有做錯甚麼事情。」
2. **申辯性道歉**。這種道歉的目的是漂白自己的過錯，並且以各種各樣的藉口或理由逃避責任。因此，道歉只是空洞的姿態和缺乏真誠。比如：丈夫對申請離婚的太太説：「對不起！我已經很努力工作，但我還沒有想出其他辦法可以給你及孩子們家用。」
3. **坦誠性道歉**。在調解過程中，加害者坦誠地向受害者表示悔意及道歉，並確認對有關的冒犯行為及其造成的傷害，願意承擔相關的責任，希望取得受害者的諒解。這種道歉可以彌補感情的傷害和改變彼此之間受損的關係。

　　因此，只有坦誠性的道歉才會有助減低衝突，調解員應當謹慎考慮當事人道歉的建議。若當事人的道歉要求是在脅迫的情況下作出，道歉將會是缺乏真誠，無助解決衝突，調解員應當謹慎處理。

道歉有什麼功能？

　　道歉有以下的功能：

1. **平復受害者心理的被剝奪感。**學者拉瑞爾指出「道歉，扮演
   著療癒人心的作用。」[4] 不論加害者的過錯是否有意或無意，
   已經造成受害者物質或身心等層面的傷害，而道歉除了可以
   使受害者獲得物質上的補償，還可以平復受害者被剝奪的感
   受，回復心靈上的平靜。

2. **讓加害者更加清楚了解自己的行為對他人的影響。**每道一次
   歉，都會讓加害者了解自己的過錯行為對於受害者的影響和
   反省自己的過錯，有助提醒自己不要再次干犯這些過錯／犯罪
   行為。

3. **重新調整行為以維護自我形象。**過錯行為會破壞別人對自己
   的信任，並會被對方標籤和認定為不是好人；而誠心的道歉
   和整改行為，卻是可以贏回他人眼中的尊敬及信任。

4. **道歉有醫治心理傷害的重要功能。**學者 Alfred Allan 指出歉意
   能減輕受傷害者的壓力、焦慮和憤怒。[5] 學者 McCullough、
   Worthington 和 Rachel[6] 曾經對道歉進行實證研究（1997年），
   並提出道歉可誘發同理心，最終是可以為加害者帶來寬恕。

5. 道歉可以修復傷害者與受傷害者之間不對等的地位和破損的
   關係，讓受傷害者的「人性尊嚴和道德價值」回復平等。[7]

道歉在調解中的作用

　　調解為當事人創造了一種友好協商的氣氛，在這種氣氛中，道
歉能有助當事人達成和解的目標。道歉是一個簡單而有力的調解工
具，有助修復彼此之間破損的關係。

---

4. 《商業週刊》，975 期，頁 82。

5. Alfred Allan, "Apology in Civil Law: A Psycho-legal Perspective," *Psychiatry, Psychology and Law* 14, no. 1 (2007): 5–16; David W. Shuman, "The Role of Apology in Tort Law," *Judicature* 83, no. 4 (2000): 180–89.

6. Michael E. McCullough, Everett L. Worthington Jr., and Kenneth C. Rachel, "Interpersonal Forgiving in Close Relationship," *Journal of Personality and Social Psychology* 73, no. 2 (1997): 321–36.

7. Trudy Govier and Wilhelm Verwoerd, "The Promise and Pitfalls of Apology," *Journal of Social Philosophy* 33, no. 1 (2002): 69.

這是因為：

- 道歉是一種簡單、廉價和有效解決爭議和達成和解的方法；
- 坦誠的道歉容易被聽者接納；
- 道歉有助於減低法院頒佈懲罰性賠償的機會；
- 道歉可以超越爭端的破壞性，讓彼此之間受損的關係獲得修復。

人們為何不願作出真誠的道歉呢？

加害者不願意道歉是因為：

6. **擔心道歉後會被對方羞辱、拒絕等。**我們每個人都有自尊心，都有被別人肯定、被讚美、被認同、被附和等心理需求，而不喜歡被別人否定或輕視。加害者往往擔憂會被對方拒絕和羞辱。因此，加害者的自尊心和這些擔憂，會阻礙他們向受害者作出坦誠的道歉。

7. **擔心影響自己的權威，令地位受到損害。**一般人都認為向他人道歉是一種暴露自己脆弱的行為，令自己沒有面子。因此，自尊心剛強的加害者往往會拒絕向他人道歉，並且以其他藉口漂白自己的過錯行為，以維護自己的面子。

8. **擔心道歉後所引發的法律責任、財物損失等。**這是因為道歉可能表示承認過錯所造成的傷害或影響，會被法院接納為證據，導致道歉者須承擔過錯責任的後果。再者，不少保險單的保險條款均禁止受保人承認過失，故受保人或會因為擔心保單失效而拒絕道歉。

然而，我們通常低估了道歉的好處。麻州大學沃斯特分校校長拉瑞爾（Aaron Lazare）指出，誠心的道歉可以減少訴訟的發生。因此，很多國家及地區政府開始訂定《道歉條例》，鼓勵過錯者作出道歉，以減低衝突的情緒，並防止爭端惡化。

香港《道歉條例》的簡介

　　鑑於道歉有助防止爭端惡化及達成友善和解，香港特區政府為消除窒礙道歉的障礙，鼓勵加害者作出道歉，遂於 2017 年 7 月制定《道歉條例草案》，並於 2017 年 12 月 1 日生效。《道歉條例草案》的立法目的，是促進和睦排解爭端和提升調解員解決爭議的效率。

　　《道歉條例》(第 631 章) 就道歉的涵義、適用程序、道歉證據是否可予接納、保險或彌償合約不受影響、道歉並非《時效條例》所指的承認方面，作出不同的規定，適用於大部分民事法律程序。比如：

9. **就道歉的涵義而言**，《道歉條例》第四條規定「某人就某事宜作出的道歉，指該人就該事宜表達歉意、懊悔、遺憾、同情或善意，並包括該人就該事宜表達抱歉。道歉可屬口頭或書面形式，亦可藉行為作出，並包括以明示或默示的方式作出，承認上述的人在上述事宜方面的過失或法律責任；或與上述事宜相關的事實陳述。」

10. **就程序適用程序而言**，《道歉條例》第六條規定，該條例是適用於「司法、仲裁、行政、紀律處分及規管性程序 (不論是否根據成文法則進行)，但不適用於刑事法律程序；或附表指明的程序。」[8]《道歉條例》第十三條規定「條例適用於政府。」

11. **就適用程序而言**，《道歉條例》第七 (1) (a) 與 (b) 條規定「某人就某事宜作出的道歉：
    i. 並不會構成以明示或默示的方式，承認該人在該事宜方面的過失或法律責任；
    ii. 在就該事宜裁斷過失、法律責任或任何其他爭議事項時，不得列為不利於該人的考慮因素。」

12. **就道歉證據是否可予接納而言**，《道歉條例》第八條規定「某人就某事宜作出的道歉的證據，不得在適用程序中，為就該

---

8. 《調查委員會條例》(第 86 章)、《淫褻及不雅物品管制條例》(第 390 章)、《死因裁判官條例》(第 504 章)，以及立法會程序，包括由立法會為執行其職能或行使其權力而成立或委託的委員會、事務委員會或小組委員會的程序。

事宜裁斷過失、法律責任或任何其他爭議事項,而接納為不利於該人的證據。」

13. **就保險或彌償合約不受影響而言**,《道歉條例》第十條規定「如根據某保險或彌償合約,就某事宜對任何人提供保險保障、補償或其他形式的利益,則某人就該事宜作出的道歉,並不使該項保障、補償或利益無效,或受到其他影響。」

14. **就道歉並非《時效條例》所指的承認而言**,《道歉條例》第九條規定「某人就某事宜作出的道歉,並不在與該事宜相關的情況下,構成該條例所指的承認。」

因此,《道歉條例》涵蓋的範圍十分廣泛,包括司法、仲裁、行政、紀律處分及規管性程序,這些都有助鼓勵當事人勇於道歉和有利於減低當事人激烈的衝突情緒,並且有助調解員提升解決爭議的效率和成功率。

如何促進道歉技巧?

如何促進加害者/違約者/侵權者作出道歉,提升調解效率和滿足客戶的需要?

調解員可以:

1. 學習調解溝通技巧,給予加害者/違約者/侵權者作出道歉和確認過錯的機會;

2. 幫助加害者認識賠禮道歉的好處,是可以減低受害者的怨氣和嚴懲的意念,降低受害者提出懲罰性賠償意念的風險,最終可以節省加害者須要賠償的金額;

3. 幫助加害者/違約者/侵權者認識到決定道歉的時間,將會直接影響糾紛的解決結果。若加害者在適當的時間向受害者作出道歉,將會有助減低受害者不滿的情緒和阻礙衝突的發展;若加害者在受害者訴說個人蒙受損害的經歷前作出道歉,或道歉來得太快,卻可能會適得其反。

4. 提供《道歉條例》的資料和適用範圍,減低加害者的憂慮,有助鼓勵加害者/違約者/侵權者向受害者作出道歉,減低彼此之間的敵對情緒和營造友好磋商氣氛。

第二十一章

保密

調解保密簡介

　　調解作為替代訴訟的一種解決爭議方法，它被廣泛應用於解決民商事爭議的根本原因，是其保密規範和不公開特性。調解的保密功能可以鼓勵當事人坦誠地進行磋商，也鼓勵各方當事人無懼地披露敏感資料和表達他們的真實需求、利益，容許調解員和爭議當事人深入了解當事人之間的問題和造成這些問題的背景及具體情況，增加當事人願意深入探討及研究解決爭議的機會。因此，資料的保密是調解成功不可缺少的重要元素。

第三者保密的安排

　　鑑於家庭糾紛、婚姻糾紛、學校事件、生意及股權糾紛等糾紛的調解，往往會涉及第三者的參與，比如：社工、會計師、祖父母等人士。這些人會直接或間接影響調解的進程和結果。因此，如何保障當事人的私隱是十分重要，調解員必須在調解開始前，取得雙方當事人的同意，容許這些人士出席調解。否則，調解員不得讓這些人出席調解會議。此外，調解員必須在開始調解會議前，必須要求出席的第三者（如有）簽署《第三者保密協議書》，[1] 並且向他們解釋保密的義務和法律責任，保障當事人的私隱。

1.　見附件五。

調解保密的法律

調解保密是一種特權，旨在保障當事人與律師在調解過程中所作的通訊（包括文件及談話內容），不會成為可以被採納的證據及被應用於日後訴訟中（若調解失敗）。因此，調解的保密特權是調解的核心要素，缺乏這個保密性元素，爭議雙方當事人是無法坦誠地進行磋商的，因為他們害怕調解過程中所披露的資料，日後會被用於訴訟上。香港上訴法院羅傑志副庭長亦認同這個重要性，羅副庭長在 $S \, v \, T^2$ 上訴案中指出：「除非保密是被遵守，否則整個調解制度將會被瓦解，爭議人將會利用調解為一種利己策略，在未能成功的調解過程中提取所披露的證據，在後續的法院的訴訟程序中使用。」

調解的保密可分為調解程序保密和調解資訊保密。調解過程中的私密性（privacy）與保密性（confidentiality）並不相同。調解程序私密性是指在調解過程中，除特殊情形以及獲當事人允許參與外，與案件無關的其他人士是不得參與或旁聽，新聞媒體更不得採訪報導。參與調解或者參加旁聽的人員，未獲得爭議雙方當事人的同意，不得隨意洩露調解過程中公開的調解資訊給任何人或新聞媒體。這是因為調解是非公開的替代訴訟解決爭議的程序，更是調解保密性的最基本涵義。

調解資訊保密權利，一般是基於爭議雙方當事人在調解前所簽署的保密協議或含有保密條款的同意調解協議書，而這些保密協議或條款是受到法院所認同的。[3] 例如：Bingham MR, 曾在 *Re D [Minor]*[4] 案指出，「據我們所知有大量毫無疑問的一系列的案例，已經確認法庭是不會在未取得爭議人的同意下，去強迫一位第三人〔不論正式或非正式，專業或非專業〕披露在協助調解的過程中所獲取的秘密信息。」

調解資訊保密可以分為對內保密性和對外保密性兩個層次。對內保密是指在單獨會談（caucusing）中所披露的秘密調解資訊，調解員在未徵得當事人的同意下，不得向相對方當事人公開，或者在前

---

2. CACV 209/2009，第四段。

3. *Bezant v Ushers Brewers* [Bristol County Court], [1997] [unreported]; *Instance v Denny Bros Printing Ltd* [2000] 05 LS Gaz R 35.

4. [1993] 2 All ER 693.

調解會議（pre-mediation meeting）中，一方當事人單獨與調解員單獨會議時，向調解員提供某些技術性資訊、個人隱私或接受調解方案的底線等資料，調解員在未徵得當事人的同意下，是不得向任何人披露的。

對外保密性是指爭議雙方當事人在調解過程中披露的資訊，爭議當事人不得使用這些披露的資訊，在後續法律程序（包括：訴訟或仲裁）中作證據使用，也不得在後續法律程序中要求調解員，作為證人披露調解中公開的任何資訊。無論調解成功與否，調解程序參與人需要對調解過程中公開的資訊進行保密。對外保密可以讓爭議當事人不必擔心在調解過程中所作的資訊披露、讓步、自認等行為，將會構成為日後訴訟中對其不利的證據，好讓爭議當事人可以在自由和坦誠的氛圍下進行磋商，努力達成自治的糾紛解決協定。

雖然保密對調解程序的成敗非常重要，但調解程序的保密性往往與民事訴訟的公開審判制度相沖，亦與法庭尋找出真相和調解所涉及的公眾利益構成衝突，法庭通常要在保密與公眾利益兩者之間作出平衡和取捨。

因此，為了鼓勵當事人使用調解，並消除對調解過程中進行的陳述和披露的信息，於後續訴訟可能產生負面影響的後顧之憂，使得當事人可以在自由、輕鬆和坦誠的氛圍內討論和磋商，共同解決他們的爭議，並且維護司法公正的需要，香港特區政府在這方面進行立法，並制訂了《調解條例》第620章，平衡了調解保密與維持司法公正兩者的需要。

香港《調解條例》

香港《調解條例》第620章第8條規定，任何人不得披露調解通訊。只有在下述情況下除外：

(a) 所有下述人士均同意作出該項披露——
　　(i) 有關的調解的每一方；
　　(ii) 有關的調解的調解員，如有多於一名調解員，則每名調解員；及

    (iii) 作出該項調解通訊的人（如該人並非有關的調解的任何一方或調解員）；

(b) 該項調解通訊的內容，是公眾已可得的資料（但僅因非法披露才屬公眾可知的資料除外）；

(c) 該項調解通訊的內容，是假若無本條規定，便會符合以下說明的資料：

    (i) 受民事法律程序中的文件透露規定所規限，或受其他要求當事人披露他們管有、保管或控制的文件的類似程序所規限；

    (ii) 有合理理由相信，為防止或盡量減少任何人受傷的風險，或任何未成年人的福祉受嚴重損害的風險，作出該項披露是必需的；

    (iii) 該項披露是為研究、評估或教育的目的而作出的，並且既沒有直接或間接洩露該項調解通訊所關乎的人的身分，亦相當不可能會直接或間接洩露該人的身分；

    (iv) 該項披露是為徵詢法律意見而作出的；或

    (v) 該項披露是按照法律施加的要求而作出的。

除此以外，任何人為了下述的目的而向法院或審裁處申請並在獲得的許可下，可以披露調解通訊：

(a) 執行或質疑經調解的和解協議；

(b)（如有人提出指稱或申訴，而針對的是調解員所作出的專業失當行為，或任何以專業身分參與有關的調解的其他人所作出的專業失當行為）就該指稱或申訴提出證明或爭議；或

(c) 有關的法院或審裁處認為在有關個案的情況下屬有理由支持的任何其他目的。

有關法院或審裁處在決定是否就披露調解通訊或接納調解通訊作為證據給予許可時，須考慮：

(a) 該項調解通訊是否可以根據第8（2）條披露，或是否已經如此披露；

(b) 披露該項調解通訊或接納該項通訊作為證據，是否符合公眾利益，或是否有助於秉行公義；及

(c) 有關的法院或審裁處認為屬相關的任何其他情況或事宜。

在中國內地，《中華人民共和國民事訴訟法》第一百四十六條規定，「人民法院審理民事案件，調解過程不公開，但當事人同意公開的除外。調解協議內容不公開，但為保護國家利益、社會公共利益、他人合法權益，人民法院認為確有必要公開的除外。主持調解以及參與調解的人員，對調解過程以及調解過程中獲悉的國家秘密、商業秘密、個人隱私和其他不宜公開的信息，應當保守秘密，但為保護國家利益、社會公共利益、他人合法權益的除外。」據此，當事人在人民調解活動中可以要求調解公開進行或者不公開進行。

結論

因此，筆者認為香港《調解條例》視調解保密性為一般原則，但亦會因公共政策等原因而開放調解保密程序的閘門，強制披露某些調解的資訊，作為調解保密的例外情況。中國內地的保密原則與香港差異不大。

調解技巧小測試

請回答是或否。

1.	調解員在處理案件時，必須協助爭議當事人重新建立彼此之間的溝通渠道，以及建立自己與爭議當事人的關係和信任。	(	)
2.	調解員引導爭議當事人說出內心的不滿、憂慮，了解引發糾紛的真正問題，分析案件是否適合調解，然後制定調解策略。	(	)
3.	調解員在核實當事人身份及了解其是否需要徵詢其他人的意見後，才會展開有關會議。	(	)
4.	在進行單獨會談時，調解員會引導爭議當事人提供案件初步資料，以助他分析有關案件是否適合調解。	(	)
5.	涉及婚生子女的管養權時，爭議事項比較簡單，一定可以用調解方法解決。	(	)
6.	在正式與爭議人開始進行調解時，調解員無須在調解會議上向當事人介紹什麼是調解。	(	)
7.	調解員的另一個重要角色是扮演教育者，向爭議人介紹調解的功能及規則。	(	)
8.	若爭議當事人有疑慮及不安，調解員無須理會，更無須鼓勵當事人積極參與有關調解，尋求雙方可以接受的和解方案。	(	)
9.	調解員需要不斷運用句子重整的方法，把爭議人所發出的破壞性言語改變成中性言語。	(	)
10.	在爭議人完成案情陳述後，應總結各人案情陳述要點，把共同點歸類及爭議事項分類列出，供他們分析討論。	(	)

11.	調解員要不時監察及控制爭議人的情緒，不能給予任何一方有機會進行蓄意破壞，必要時採取單獨會談，協助他們打破僵局。	(	)
12.	調解員無須協助爭議當事人進行現實可行性測試，避免有關和解協議不能在現有的法律法規下落實執行而使調解失敗。	(	)
13.	爭議人陳述他們的觀點與立場時，使用粗言穢語或帶有侮辱性的言語來攻擊對方，調解員可無須理會。	(	)
14.	爭議人完成他們的陳述後，調解員需重新整理他的陳述內容，簡潔地向陳述者複述，讓陳述者知道調解員在專注地聆聽他們的感受和立場。	(	)

同意調解協議書

(甲方) ＿＿＿＿＿＿＿ 及 (乙方) ＿＿＿＿＿＿＿ (下稱「雙方」) 現與 (第一調解員) ＿＿＿＿＿＿＿ (下稱「調解員」) 簽訂協議按照下列條款參與調解：

1. 雙方共同委任調解員協助他們進行協商、解決彼此之間所產生之糾紛。

2. 雙方明白調解員的任務是一位保持中立的第三者，協助雙方在獲得充分諮詢的情況下，達到一個自願的和解協議，而不會為雙方提供任何法律或專家意見。

3. 雙方同意合作，詳盡而坦誠地披露及提供有關資料，以促進調解過程之談判進展。任何一方沒有坦誠地披露所有有關資料，將會使到有關和解協議無效。

4. 雙方同意所有討論及協商是以保密及無損權益為前提的原則下進行 (如果有關資料是關乎公眾或人身安全受到實際或潛在威脅，則屬例外)。雙方同意在任何法律訴訟中，不會傳召調解員作為他們的證人，亦不會使用在調解過程中所獲取到的任何資料。

5. 調解員為抗辯任何傳票及/或由任何一方提出要求其披露及提交資料及文件的申請而招致的法律費用及開支，雙方同意由提出的一方，承擔調解員有關所需法律費用及開支，並同意預先繳付所需法律費用及開支予調解員。

6. 雙方同意調解員在協助解決他們的糾紛中，是毋須負上任何法律責任，包括在協助雙方調解的過程中所發出的任何言論、行為、不作為等等。但具欺詐性質的行為或不作為則屬例外。

7. 雙方同意保障調解員，免受任何由該調解員在調解過程中所發出的任何言論、行為或不作為所引致的申索作出賠償。但具欺詐性質的行為或不作則屬例外。

8. 若調解員認為不適合繼續進行調解，調解員可終止有關調解而毋須向甲、乙雙方提出任何理由或解釋。調解員只需以書面通知甲、乙雙方有關決定。甲方或乙方亦可在任何時間終止調解，但需以書面通知調解員有關決定。雙方同意在作出終止調解決定前，會先與調解員單獨會面商討有關決定。

9. 當雙方達成和解協議時，調解員會草擬一份「無損任何一方權益為前提」的「臨時和解協議書」交給甲、乙雙方簽署。雙方在簽署這份「臨時和解協議書」前，應尋求獨立法律意見去進行覆核。

10. 雙方明白這份「臨時和解協議書」是沒有法律約束力，直至調解員將之訂立為「最終和解協議書」。

11. 雙方同意在簽署同意調解協議書後，共同支付聘請調解員的車馬費，該等費用為每位調解員港幣五十元正（HK$50.00），包括六小時的單獨或聯合調解會議，及草擬和解協議。若有需要超越首六小時，則每小時為港幣六佰元正（HK$600.00），包括單獨或聯合調解會議，調解員所花的行政時間、草擬和解協議的時間。

12. 雙方同意共同分擔聘請調解員的費用及有關開支。甲方同意承擔聘請調解員的費用及有關開支 _____%，乙方同意承擔聘請調解員的費用及有關開支 _____%。雙方同意在每次會面前預先支付聘請調解員的費用及有關開支。

甲方姓名：_____   乙方姓名：_____

日期：_____   日期：_____

調解員姓名：_____

日期：_____

調解員開場白示範

早安！我是江仲有律師。我是你們的調解員，來幫助你們解決你們面前的爭議。本人是香港律師會及香港調解會的認可調解員。	歡迎詞及調解員簡單的自我介紹
王總經理、張董事長，在我開始為你們進行調解前，請問你們有沒有公司的授權文書，授權閣下代表公司參與今天的調解、並授予決定及簽署和解協議的權力？你們的權限是否有任何的限制？請給我查閱及存檔。	審查當事人參與調解的能力和簽署和解協議的權限
在開始調解聯席會議前，請讓我向你們簡單介紹調解、調解的流程和相關的功能、調解員的角色和調解會議的守則。調解是透過受專業調解訓練的中立第三者來協助你們以協商談判的方法，共同尋求你們雙方可以接受及可行的解決問題的方案。	簡單介紹調解的定義
調解員的功能，是不會像律師般為你們提供法律意見，也不會像法官、仲裁員般為你們作出裁決。因此，本人雖然是擁有律師和土木工程師的資格，亦不能為你們的工程合約糾紛提供任何法律或工程專業意見。你們若有需要，可使用這裏的電話，與你們的律師、工程師聯繫。	簡單介紹調解員的功能
調解是在無損權利的基礎上進行的，整個過程是保密的；在調解過程中所披露的資料，是不可用作支持日後訴訟的證據。因此，無論調解是否成功，將不會影響你們現在進行中的訴訟，你們可以安心地進行協商談判。	強調調解的保密性質

此外，所有與調解員、律師的通訊也是保密的，你們可以安心尋求法律諮詢，在未獲得授權前，是不得披露，除法庭命令外。	
本人作為你們的調解員，在接納你們的委任前，我已經核對你們向我所提供的資料，我與這案件並沒有任何利益衝突。而且，在整個調解過程中，我是不會偏幫你們任何一方，在整個調解過程我會維持中立。	強調調解員的中立性
請問你們有沒有問題？如果沒有，讓我簡單介紹聯席會議的流程和目的。在調解開始的時候，我會邀請當事人一方發言，向我陳述事情的經過，你的感受、立場、需要及需求。這個陳述的目的是讓我了解你對整件事的觀點和立場。我是不會對這些立場作任何評價，不會深究事實的對與錯。因此，另一方的當事人是不用作出任何回應或批評，因為調解員不會像法官或仲裁員，對陳述作出任何批判。當一方陳述完畢後，我亦會讓另一方陳述事情的經過，他的感受、立場、需要及需求，我會給予你們同等機會和時間來陳述。同樣，我是不會對這些立場作任何評價，亦不會深究事實的對與錯，好讓我可以清晰地了解雙方的觀點和立場，協助解決你們的糾紛。	介紹聯席會議的目的、調解員擔當的角色
在開始發言陳述前，我有一些守則希望你們同意遵守，就是當你們一起發言時，聆聽一方請不要發言或向對方發出侮辱或無建設性的言語。因為這些行為是不會對解決你們的衝突有任何幫助的。再者，當你們一起發言時，我是很困難聆聽你們的陳述，只會浪費時間。請問你們是否同意遵守這個唯一的調解規則？	介紹調解會議守則及聯席會議的目的

當陳述完成後，本人會摘要這些陳述，並會複述一次，若有任何遺漏、錯誤，請陳述一方作出糾正。最後，我會從這些摘要找尋共同立場、觀點、分歧、需要和需求，制定爭議事項，好讓大家一起討論和尋求雙方可以接受的方案。假若雙方在討論某些爭議事項而相持不下，陷入僵局時，本人將會中止聯席會議，而與爭議一方舉行單獨會談，任何資料在會談中披露將會被保密，未得當事人同意前，我是不會向對方披露。單獨會談的目的，是給予你們機會向我提供一些敏感資料，不方便向對方披露的，好讓我深入了解你們的憂慮、需要或需求，以利我可以制定調解策略，協助打破談判的僵局，解決你們的糾紛。同樣，我亦會給予另一方單獨會談的機會和同等時間。在等候和我單獨會談的時候，我請你利用這段時間，思考你的憂慮、需要或需求，在與我單獨會談的時候，向我陳述。	介紹單獨會談的守則及目的
當我掌握你們的憂慮、需要或需求，我會引導你們如何再次進行協商談判，包括使用腦力震盪技巧，共同尋求可行及可以接受的和解方案，直到有關爭議事項完滿解決。然後我們再重複聯席會議和單獨會談等流程，繼續解決所有的爭議事項。	介紹單獨會談的守則及目的
當所有爭議事項完滿解決後，我會草擬一份和解協議書，並建議你們把這份草擬和解協議書提交你們的律師審核，然後才簽署，以保障你們的法律權益。當這和解協議書簽署後，你們的律師將會按照這份和解書的內容制定一分同意傳訊令狀（consent summons）向法庭申請撤訴。 請問你們有沒有任何疑問？如果沒有，讓我們開始調解吧！	介紹草擬和解協議書的關注事項

分居進行時所產生的情緒波動圖

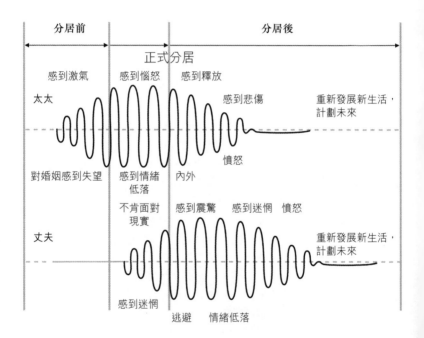

來 源：Lynne Namara and Jennifer Morrison, *Separation, Divorce and After* (St. Lucia, QLD: University of Queensland Press, 1982).

和解協議書

無損任何一方權益為前提 *

本協議訂立於_____年_____月_____日。訂約一方為_____
_____（HKID No. _____），地址是_____
_____（以下稱甲方），

另一方為_____（HKID No. _____），地址是

_____

_____（以下稱乙方）。

茲鑒於_____事宜，經

_____及_____協助調解後，同意遵守及執行下列

各項條款：

（一）_____

（二）_____

（三）_____

（四）_____

（五）任何與本協議內容有關的糾紛或爭議，再次以調解方式解決。

甲方簽署：_____　　乙方簽署：_____

* 如不適用請刪除

第三者保密協議書

《第三者保密協議》

作為准予在 ＿＿＿＿＿＿＿＿＿＿（甲方當事人）與 ＿＿＿＿＿＿＿＿＿＿
（乙方當事人）之間的調解出席／提供建議或意見的代價，本人同意接意以下
保密條款的約束，猶如本人是調解的其中一方當事人一樣：

本人向當事人及調解員承諾：

1. 不會向任何第三者披露或透露（不論明言還是暗示）或使用任何與調解有
   關的資料，或在任何其後進行的訴訟程序中擔任證人，包括：
   i. 在調解中發生的事宜；
   ii. 在調解過程中，任何一方當事人為解決爭議而提出的任何意見、建議
   或和解建議；
   iii. 調解員發表的任何言論；
   iv. 在調解中取得的一切材料及傳達的訊息，及／或
   v. 就調解提交或因此而產生的一切材料、資料、往來函件（包括電郵）、
   曾討論的問題／事項、建議及反建議，包括但不限於任何《經調解的和
   解協議》（及當中的內容及／或條款），但直接因實施和執行該等和解協
   議而須予披露者，則屬例外。

但：
   i. 披露資料的一方當事人表明無須保密，則作別論；
   ii. 因成文法、規例或法院命令另有規定，或為實施和執行任何和解協議
   而必須披露外；
   iii. 有關文件無論如何都會在該等法律程序中獲接納為證據或予以披露，
   則作別論。

2. 同意在調解結束後，當事人的保密責任對本人仍然有效及必須遵守；
3. 同意不得以逐字記錄或抄寫形式，記錄調解過程。

簽署：＿＿＿＿＿＿＿＿＿＿＿＿　日期：＿＿＿＿＿＿＿＿＿＿＿＿

姓名及身份（請用正楷填寫）：

參考書目

Allan, Alfred. "Apology in Civil Law: A Psycho-Legal Perspective." *Psychiatry, Psychology and Law* 14, no.1 (2007): 5–16.

Bond Dispute Resolution Centre, "What Skills and Attributes Do Experienced Mediators Possess?" *Bond Dispute Resolution News* 3 (October 1999).

Boulle Laurence, and Miryana Nesic. *Mediation: Principles, Process, Practice.* London: Butterworths, 2001.

Boulle Laurence, and Miryana Nesic. *Principles and Practices of Mediation.* London: Butterworths, 2001.

Brown Henry, and Arthur Marriott. *ADR Principles and Practice.* 2nd ed. London: Sweet & Maxwell, 1999.

Clarke, Gay R., and Iyla T. Davis. "Mediation: When Is It Not an Appropriate Dispute Resolution Process?" *Australian Dispute Resolution Journal* 70 (1992).

Charlton Ruth, and Micheline Dewdney. *The Mediator's Handbook: Skills and Strategies for Practitioners.* Sydney: Lawbook Co., 2004.

Egan, Gerard. *You and Me: The Skills of Communicating and Relating to Others.* Monterey, CA: Brooks/Cole, 1976.

Folberg Jay, and Alison Taylor. *Mediation: A Comprehensive Guide to Resolving Conflict without Litigation.* San Francisco: Jossey-Bass, 1984.

Fuller, Lon L. "Mediation: Its Forms and Functions." *Southern California Law Review* 44 (1970–71): 305.

Ho, Betty. *Hong Kong Contract Law.* Hong Kong: Butterworths, 1989.

Liebmann, Marian, ed. *Mediation in Context.* London: Jessica Kingsley Publishers, 2000.

Lindgren, Kevin Edmund, John W. Carter and David J. Harland. *Contract Law in Australia.* Sydney: Butterworths, 1986.

Moore, Christopher W. *The Mediation Process: Practical Strategies for Resolving Conflict.* San Francisco: Jossey-Bass, 1986.

Shuman, Daniel W. "The Role of Apology in Tort Law." *Judicature* 83, no. 4 (2000): 180–89.

Stulberg, Joseph B. *Taking Charge/Managing Conflict*. Lexington, MA: Lexington Books, 1987.

Tillett, Gregory and Brendan French, *Resolving Conflict*. South Melbourne, VIC: Oxford University Press, 2006.

Vine, Prue. "Apologies and Civil Liability in the UK: A View from Elsewhere." *Edinburgh Law Review* 12, no. 2 (2008): 200, 206.

Wade, J. and et al., "Mediation: The Terminological Debate." *ADRJ* 5 (1994): 204.

李元墩，長榮大學院長講詞：〈有效的溝通技巧〉。《研習論壇》2004年9月第45期，頁13–25。

黃松有主編，《訴訟調解要務》。北京：人民法院出版社，2006年。

楊良宜，《國際商務與海事仲裁》。大連：大連海運學院出版社，1994年。

劉瑞川主編，《民商案件調解要務》。北京：人民法院出版社，2004年。

羅傑‧費雪、威廉傑‧尤瑞合著，黃宏義譯，《哈佛談判術》。北京：長河出版社，1983。